コミュニティによる地区経営

コンパクトシティを超えて

大野秀敏・饗庭伸・秋田典子・松宮綾子・藤井俊二・和田夏子・
姥浦道生・岡部明子・栗原徹・國分昭子・齊藤広子・田島則行・
田島泰・出口敦・中川雅之・原耕造・福川裕一・三浦展・山口崇

鹿島出版会

謝辞

本書の内容は、日本の都市が人口減少にどのように対応するべきかという課題に取り組む二つの研究会の成果を元に発展させたものである。

最初の研究会は、2011年から2カ年、研究開発コンソーシアム[★1]のなかに12名の専門家に集まっていただいて立ち上げた「縮小社会における都市再編研究会」である[★2]。住民の移動を伴う都市空間の再編成であるコンパクト化を経済的に実現する方策として、特に土地と建物に関する権利の調整の仕方を議論した。この研究会の成果の一部は2012年度と2013年度に日本建築学会大会で発表し、本書にも松宮がまとめている(1-11)。貴重な意見をいただき真剣に議論をしていただいた委員諸氏と研究の機会と研究会開催費用を提供していただいた研究開発コンソーシアムに謝意を表したい。

研究開発コンソーシアムでの研究会の結論は、日本の都市はコンパクト化することが望ましいとしても、その実現は容易ではないということであった。そうなると次に考えるべきことは、コンパクトシティに代わりうる人口減少社会に対応する方法を探ることである。舞台を日本建築学会に移して検討作業を続けた。2013年度と2014年度の2カ年にわたって、日本建築学会の社会ニーズ対応委員会の下に特別調査委員会を設置していただき、研究開発コンソーシアムの研究会メンバー6名に新たに14名が加わり総勢20名で取り組んだ[★3]。研究会は、延べ238人の出席者を得て全21回の会合をもって2

年間の研究期間を終え報告書(『人口減少の時代に向けた都市の再編モデルの構築特別調査委員会成果報告書』2015年3月)をまとめた。ここでは、コンパクトシティ政策の対抗案として、本書で提案するCMA(Community Management Association：地域経営組合)の骨格と、具体像をともなった提案をおこなった。

社会ニーズ対応委員会は、その名称が示すように社会が求めている課題に、建築学会が機動的に取り組むために、特別調査委員会を時限で設置し研究成果を得ようというものであり、成果を社会に公表することを求めている。本書は、この要請に応えるものである。ただし、上記報告書には検討不足の主張もあったこともあり、公刊に耐えうるように、それぞれの寄稿者の責任において内容を精査し、改善すべきところは大幅に手をいれた。このような理由から、本書の内容に関する責任はすべて執筆者と編集委員会にある。

研究の機会と研究に関わる経費を提供していただいた日本建築学会ならびに社会ニーズ対応委員会には特別の謝意を表したい。また、貴重な意見をいただき真剣に議論をしていただいた委員諸氏ならびに勉強会で講師として来ていただき貴重な見解や経験をお話しいただいた方々、そして建築学会大会でのパネルディスカッションならびに研究協議会で討論に参加いただいた方々に特別の感謝を申し上げたい。

最後に、出版不況と言われるなか、本書の社会的意義に鑑みて出版の決意をいただいた鹿島出版会には、この場を借りて篤く御礼を申し述べる。

編集委員会：大野秀敏(代表)、饗庭伸、秋田典子、藤井俊二、松宮綾子、和田夏子

註

★1　建築研究開発コンソーシアムは「企業等の参画による任意の組織」であり、目的は、「(研究の) 競争と連携のネットワークを構築するため、多様な研究機関、企業等の幅広い結集を図り研究開発の共通基盤（プラットフォーム）の確立」である（ホームページより<http://www.conso.jp/info/gaiyo.html>）。

★2　参加者は以下のとおりである。大野秀敏※（主査、東京大学）、藤井俊二※（大成建設）、松宮綾子※（日本設計）、小川富由（都市再生機構）、栗原徹※（都市再生機構）、藤本秀一（建築研究所）、山口崇※（東京ガス）、原耕造※（大成建設）、田島泰※（日本設計）、辻村優大（パナソニック電工）、藤田真弓（三井住友信託銀行）、和田夏子※（東京大学）、田島則行※（テレデザイン）（※は、続く建築学会での研究会にも参加した。所属は委員会当時）。

★3　参加者は以下のとおりである。大野秀敏※（主査：東京大学）、饗庭伸※（首都大学東京）、秋田典子※（千葉大学）、姥浦道生※（東北大学）、岡部明子※（千葉大学）、國分昭子※（ＩＫＤＳ）、齊藤広子※（明海大学）、田島則行※（テレデザイン）、出口敦※（東京大学）、栗原徹※（都市再生機構）、田島泰※（日本設計）、中川雅之※（日本大学）、羽藤英二（東京大学）、原耕造※（大成建設）、福川裕一※（千葉大学）、藤井俊二※（大成建設）、松宮綾子※（日本設計）、三浦展※（カルチャースタディーズ研究所）、山口崇※（東京ガス）、和田夏子※（ＵＤＳ株式会社）（※は、本書の執筆者。所属は委員会当時）。

謝辞　3

序　人口減少をコミュニティで考える　大野秀敏　9

第一章　今、日本の都市で何が起こっているのか　21

1―1　地方化する大都市郊外　三浦展　22

1―2　縮退と大規模開発が進む大都市郊外　出口敦　26

1―3　昔に戻れない都市外縁部の自然　秋田典子　31

1―4　市街地の溶解と拡散が進む地方都市　姥浦道生　37

1―5　一次取得者が急減する住宅不動産市場　栗原徹　42

1―6　スポンジ化しながら縮小する都市　饗庭伸　48

1―7　用途混在地で更新が進む大都市都心部住宅地　國分昭子　55

1―8　大型再開発地域から取り残された大都市都心業務地　藤井俊二　59

1―9　三つの老いに直面するマンションと戸建住宅地　齊藤広子　64

1―10　建設費用と二酸化炭素排出量からみたコンパクト化の効果　和田夏子　70

1―11　土地の証券化を使ったコンパクトシティの実現シミュレーション　松宮綾子　75

第二章 討論 日本版コンパクトシティの可能性と限界――コンパクトシティからCMAへ 83
20世紀の都市の負の遺産／縮小都市問題はコンパクト化しないと解決できないか／都市は誰のものか

第三章 CMA構想 113
3―1 CMAとは何か？ 114
3―2 CMAの区割りと規模 116
3―3 CMA組織と運営 118
3―4 CMAの事業 120
3―5 CMAと自治体 122

第四章 CMAをめざして 125
CMAは何ができるか
4―1 住民による戸建て住宅地のマネジメント――姫路市のぞみ野 齊藤広子 126
4―2 商店主が牽引する中心市街地再開発――高松市丸亀町商店街 福川裕一 132
4―3 地域組織による都市資産のマネジメント――柏市柏の葉地区 出口敦 139
4―4 NPOによる住宅地開発――アメリカのCDC 田島則行 144

CMAによる都市・インフラ経営の可能性

4―5 都市の減量を決められる基礎自治体の規模――モデル的検討 中川雅之 150
4―6 まちづくり協議会と地域自治区――戦後のコミュニティ自治の模索 秋田典子 158
4―7 二つの仕事で4：3生活――週休二日制の次のライフスタイル 岡部明子 164
4―8 公民連携によるまちの減量――公共施設運営の手法 原耕造 169
4―9 コミュニティで運営するエネルギー供給――シュタットベルケから学ぶこと 山口崇 174
4―10 脱・自動車過依存症――地域で再構築する公共交通 大野秀敏 180
4―11 スマートシティ技術の住宅地への展開――Fujisawaサスティナブル・スマートタウン 田島泰 189
4―12 大型化によらない地域力再生――ペンシルビル連結の技術検討と効果 藤井俊二 193

小さなことからCMAをはじめよう

4―13 スポンジの穴を地域資源に変える――東京郊外の空き家の再生 饗庭伸 199
4―14 これからの郊外のインフラ――コムビニとコモビリティ 三浦展 204
4―15 コミュニティカフェ――日替わりオーナー制で実現 和田夏子 212

序　人口減少をコミュニティで考える

住宅地の人口減少対応策

人口減少や高齢化が人口に膾炙するようになって久しい。人口減少や高齢化はとりわけ中小都市や大都市の郊外に確実に大きな影響を与える（本書第一章の三浦展担当の第1節を参照〔以下「1－1三浦」と略記〕）。この問題の解決として、欧州では80年代から、日本では90年代からコンパクトシティが注目され始めた。人口減少に合わせて都市規模を小さくすれば、道路や下水道や公共建築などの都市施設の維持費を減らすことができるだけではなく（4－8原）、さらに、高密になることで歩いて暮らせる街ができ、公共交通の経営にも、低炭素化にも貢献し、買物も医療介護施設利用も便利になり、高齢社会に適するなどと、その効果が強調される。

最近、そのコンパクトシティが政策化され始めた。「改正都市再生特別措置法」が施行され（2014年8月）、それに基づいて「立地適正化計画制度」が進められている［★1］。これは、国土の均衡ある発展という理念や、各都市の膨張的な都市政策（バブル期には行政施設が多数郊外の田園のなかに移転した）からすれば、大幅な政策変更であり、安保法と同じくらい国のあり方の根幹に関わり、国民一人一人の資産と生活に大きな影響を与えるはずである。それにもかかわらず国会でも十分には議論されていない。それどころか、空き家が増えているにもかかわらず野放図に都市域が拡大している都市もあり、インフラが老朽化し大量の更新を控えているにもかかわらず新規インフラ投資が上積みされている。

縮小都市に対応できる主体は誰か

コンパクトシティ化は、一度拡散した都市形態を集中させようという国土の大改造政策である。こんな大事業を国や地方自治体などの公共セクターは担えるのだろうか。確かに、かつては、彼らは都市形成に大きな役割を担った。日本でいえば、高度経済成長期の1962年の全国総合開発計画によって各地に新産業都市が作られ、新住宅市街地開発法によって全国にニュータウンが作られた（1－2出口）。また、大都市圏では国が都市内鉄道網を整備し、地方自治体はバスや路面電車の運行をおこなって都市の形成と運営にも大きな役割を果たしてきた。その時代には、公共住宅の占める割合は今よりはるかに高く、建築家たちは公共住宅で街づくりを誘導するという期待を抱いた。その背景には、戦後の社会民主主義的な政策と人口増と高度経済成長によって増え続ける税収があった。

やがて、先進諸国では、民間企業が戦災から完全に立ち直り、もはや政府の保護を必要としなくなる。80年代になると、むしろ都市経営に商機を見いだし都市開発に積極的に関わろうとするようになる。公共の側も財政支出が増え続ける「大きな政府」をやめ、公益事業をなるべく民間に任せたいと考えるようになる。両者の思惑が一致し、日本でいえば、国鉄から始まって煙草事業や郵便事業などが相次いで民営化され、公共施設の運営に指定管理者制度が導入され、上下水道の供給にも民間委託が進められた。また、住宅困窮世帯向けの公営住宅を除いて、公的組織は新規住宅開発から大きく撤退した。公共の役割は、民間企業が自由に活動できる環境づくりに変わったのである。そして、90年代以降には、さらなる市場拡大のために都市計画の分野でも、規制緩和を際限なく進める新自由主義的な政策が中心になる。しかし、国は小さい政府をめざしながらも、一方で、大小の経済危機のたびに景気浮揚を目的として財政出動を繰り返し、さらに人口の高齢化に伴う医療・介護費用の増大の追い打ちを受け、いまや日本の公的債務は先進国のなかでも最悪の状態にある。国や自治体は、人口減少対応策に口は出すが金は出せないというのが偽らざる状態である。コンパクト化策も例外ではない。

では民間企業はどうか。人口の高齢化と長期的な人口減少そして低成長経済は、確実に土地需要の減退をもたらす。そうなると不動産業はこれまでのようにうま味のある産業ではなくなる。たとえば、老朽集合住宅の建て替えは、余剰の容積を使って従前より戸数を増やして建て替え費用を賄う方式が一般的であるが、これは人口減少に悩む地域では成り立たない話である。

自治体も民間企業も頼りにならないとなると、衰退するコミュニティを立て直すには居住者自身が表に立つしかなくなる。これの意味するところは、市民や企業は、これまでのように公的サービスの受益者あるいは消費者としての立場に安住できず、都市経営に積極的な役割を担わざるを得ないということである。

住宅地のタイプの比較

コンパクトシティ化とは、人口減少や高齢化へ対応するために人口配置を変えることであるが、これの難しさを賃貸集合住宅団地、分譲集合住宅団地、戸建て住宅地の三つを比較して具体的に考えてみよう。想定として、いずれの住宅地（団地）も１０００戸あり、立地の悪さと施設の老朽化から住人が半減するとしよう。住人が減っても、共用部の管理や維持管理に要する費用は変わらないので、これらの出費の戸当たり額は倍増する。集合住宅ではこれが共益費として徴収されるが、年金が唯一の収入という高齢の居住者の割合も増え滞納する人も出てくるだろう。そうなると共用部の維持が満足にできなくなる。このような事態を打開するためには、二つの方法が考えられる。ひとつは、住宅地の魅力づけをして居住者を増やす積極策である。たとえばエレベーターがない古い住棟にエレベーターをつけたり、陳腐化した住戸をリフォームするなどである。住宅地の立地が良ければ積極策は功を奏するかもしれないが、立地が悪ければお金を使っても居住者減は止められないだろう。国全体で人口が減るのだから、このような戦略が成功することは稀であろう。受け身の策も必要である。つまり、居住者が半減したのだから住宅地（団地）内で住み替えをして集まって住み、空いた棟（地区）は放棄するのである。そうすれば維持管理費を上げなくてもすむ。

先ほど挙げた三つの住宅地で、この二つの対応策を採用できるだろうか。まず、賃貸住宅であれば、持ち主（公共であれ民間であれ）は借家事業を継続するためにいろいろな策を練るだろう。たとえば、管理費を高くしてグレードアップをはかることも、団地内での住み替えを進めて管理費を減らして競争力をつけることもできる。いずれも居住者の理解は要るが、居住者には別の地区への転出という選択肢もあるので合意は比較的容易である。

では、分譲集合住宅の場合はどうだろう。マンションでは専有部分の持ち分に応じて建物の躯体、外壁、光熱水道の幹線設備、廊下階段、駐車場、広場などの共用部分を居住者が共同所有し（区分所有制）、その維持管理費を共益費として払っている。また、老朽化したときに備えて修繕費用の積み立てもしている。だから、管理費用の増加はすべて居住者の肩にのしかかるし、老朽化して取り壊すのも居住者負担である（1－9齊藤）。それゆえ、住民負担での魅力づけ策も団地内住み替え策もあり得ないことではない。

やっかいなのが戸建て住宅地である。現状では、戸建て住宅地では集合住宅の「共用部分」に相当する区画道路や上下水道ガスの埋設管、電柱や変圧器、近隣公園などの建設や更新や維持管理などが、税金や電気水道料金で賄われている[★2]。税金や料金は広い範囲から徴収されるので、自分たちが住む地域のなかで、それらの共用部分の維持管理費用を減らす努力をしてみたところで、税金や料金が減るわけではない。個々の住宅の所有者ができることは、自分の家に手を入れて中古価格を高めることに限られ、地域の価値を高めるために公共空間に新規投資をすることは住民にはしたくてもできないし、住宅地内住み替えも買い替えするしかない。

現代日本の都市では、公的賃貸住宅や大規模民間賃貸住宅の比率が少なく、多くが戸建て住宅地や分譲集合住宅に住んでいる。

成長の時代の発想を免れていないコンパクト政策

三つのタイプの住宅地の比較からもわかるように、既成市街地で住民の住み替えをおこなおうとすれば、権利調整のための革命的なシステムが必要である（1－11松宮）。それゆえ、現在政府が進めている立地適正化計画では、この困難さをみとめ、住民に引っ越しを求めず、医療・福祉施設や商業施設を「拠点」に立地させることで住民を誘引しようとしている。しかし、はたして住民は老後に備えて医療・福祉施設の近くに居住地を移すものだろうか。はたまた、現況では「拠点」にはない商業施設が「拠点」に移転することに利益はあるのだろうか。そもそも、多くの地方都市や郊外では、「拠点」を決めること自体が難しい。たとえば、郊外に開発された現代的な新しい住宅地（1－5栗原）と老朽建物が多数残る昔の都心で、どちらを活かすべきか答えは容易には見いだせない。また、縮小のパターンは拡大期の逆パターンにならない（1－6饗庭）。外縁の郊外が再び田園に戻ることを期待してはならないだけでなく、一度宅地化した土地は簡単に森や耕作地に戻せるわけではない（1－3秋田）。こうしたことはいずれも国が示すダイアグラムには考慮されていない。そもそも、コンパクト化の定量的な費用対効果の評価もみかけない。我々の検討ではそれは限定的である（1－10和田）。

コンパクトシティ政策は、「最新」のあるいは「正しい」考えに基づいて現状の都市を作り替えようという発想に基づいている。日本の近代を振り返ると、次々と「正し」く「最新」の考えが現れ、それに飛びついて都市を作り替えつづけてきた。その結果、都市計画の政策・制度自体が都市の使い捨て化を加速させている。コンパクトシティ政策の直前には多くの地方都市で拡張政策が推進され、主要な公共施設を郊外に移して駐車場を備えた立派な公共施設を整備してきた。その都市を今度はコンパクトにしようというのである。一世代にも満たない時間のあいだに両極に振れている。これでは朝令暮改といわれても抗弁の余地がない。

都市郊外が拡散化した原因は、日本の都市計画行政のタガの緩さも大きいが、根本的なところでは、流通と小売の革命、自家用車の普及、高速交通網の充実、ＩＴＣ革命など世界的に起きている生活様式の大きな変化が主因である（1－4姥浦、4－10大野）。この変化によって、住民の生活はもはや古典的な都市の枠に収まりきらなくなっている（4－7岡部）。それを都市計画だけで、無理して旧い都市の枠に収めようとしても、住民の生活や価値観とのあいだに大きなズレを残すだけである。

人口減少への対応は地味できめ細かさが必要

すくなくとも縮小期の都市経営には華々しいところがないということを肝に銘ずべきである。「何もしないよりはましな結果をもたらす政策」か「もっと悪くならないようにする政策」しか選べない。それは、引き算による解決が中心である。都市の運営費をやりくりし、過剰な公共サービスを削り、住民の手でできることは自分たちでこなし、空き地や空き家を活用した事業を工夫して少しでも費用を捻出しなければならない。撤退政策によって取り残される人たちの支援も考えなければならない。だから、縮小期の都市経営は物的な計画だけではなく、健康、文化、技術、暮らし方まで含めた包括的なものでなければならない。そして縮小期には都市にお金が集まらない。そのなかでの策である。卓袱台返し的な政策を期待するべきではない。

さらにことを難しくするのは、現状から何かを減らす計画は住民から大きな反発を受けることである。自治体が、市民に対して地域ごとに異なるサービス水準の切り下げをすることは難しく、自治体がとり得るのは一律の切り下げ策になりがちである。また、政治家（議会）は次の選挙を恐れて切り下げができず、足し算の政策になりがちである。だから「減らす計画」は、地域の実情を肌身で感じているコミュニティ自身でやるしかない。また、先の戸建て住宅地のケーススタディからもわかるように、政策から利益を受ける集団と政策を決定する集団の規模が一致している必要もある（4－5中川）。基礎自治体の役割は、地域を選別することではなく、住民の地域経営に助言をし、同時にナショナルミニマムの下支え役に徹することではないだろうか。

また、成長の様相は地域差が少ないが、縮小する時代の都市の様相は、地域の歴史や地政学的関係が大きく反映して多様である（1－5栗原、1－7國分、1－8藤井）。それゆえ、対応策もオーダーメイドでなければならない。

マンションの管理組合を発展させたCMA

ここまで述べてきたような、縮小時代のインパクトを最少化し居住地を魅力的にする都市経営を担う住民組織があるとすれば、それはどのようなものだろうか。

本書で提案するCMA（Community Management Association：地域経営組合）は地域の全住民で構成される。その規模は小学校区程度の広がりを想定している。

地域の実情を熟知している住民たち自身が自分たちの地域の特質を見極め、自分たちの地域の環境、特に物的環境の魅力を高め、自分たちの地域の将来を決めるのである。ある地域の住民は、歩道は砂利敷きでも良いとか（日本の都市は世界の都市と比べても舗装率が高い）、街路樹は住民たちで管理しようとか、上下水道も地域独自でやろうなどという選択をする（4－1齊藤、4－11田島泰）。最近は電力会社の選択もできるから地域単位で安い電力を購入することもできる（4－9山口）。これまで自治体が提供してきた公共サービスをCMAが代わりに提供するのだから、それの費用に当てられていた税はCMAに戻されなければならない。CMAとしては、それで保育や介護の充実をするという選択も可能になる。

中央集権色の強い日本の自治システムにあっても、地域経営や都市計画に積極的に地域住民が関わる制度が少しずつ整備されている（4－6秋田）。また、東日本大震災以降、地域の人の結びつきの必要性が広く再評価された。特に子供と老人の生活は地域との関わりが強く、彼らの豊かな生活のために地域の力は欠かせない。同時に、ICT技術の高度化と大衆化は新たな共有の経済を発展させ、土地に縛られない助け合いの繋がりも広がりつつある。これからの社会において、場所に根ざした共助も場所を越えた共助もともに重要性を増していくことが確実である。

CMAは既存の組織イメージでいえば町内会というより、分譲マンションの管理組合の延長上にある。なぜ分譲マンションの管理組合かといえば、それが日本で唯一広くおこなわれている、住民が居住環境のインフラを共有資産とし共同管理するシステムだからであり、そこに多数の市民が住み［★2］実績を積んでいるからである、別の新しい仕組みを導入するより、すでにある仕組みを修正して発展させるほうが現実的ではないだろうか。ただし、制度としての問題点も多く、今後老朽マンション問題に備えて再検討は避けられない。また、同時に、集合住宅居住者と戸建て住宅居住者のあいだの明らかな不公平、すなわち、同じ税率で税を負担しているのに、一方は共用部分の維持管理を自己負担し、他方は、それを税金や料金に押しつけてよいという不公平［★3］の解消もはかられるべきである。

CMAのように、住民（地権者）が自らの地域の経営に関わる事例は、商業地（4－2福川）でも、近年は住宅地でも現れている（4－1齊藤）。住民による地域経営の成功事例をみると、そこには専門家の支援がある。公的機関でもなく民間デベロッパーでもない中間的な専門家組織も生まれている（4－3出口）。海外に目をうつせば、中間的な組織が住宅供給を中心とした街づくりに大々的に関わる事例が多数ある（4－4田島〔則〕）。こうした経験を学ぶことで、CMAの仕組みを豊かなものにしてゆきたい。また、建築の専門家は、都市経営の有効な戦略を提案することでCMAの発展に貢献することができる（4－12藤井）。

人口減少に対して何か手を打たなければならないという機運が高まっている今日、先が見通せないコンパクトシティに代わって、縮小する日本の都市の行く末を導くシナリオとして、住民による地域の経営という考え方を多くの人に一緒に考えていただきたいという思いから、提案の不完全さを承知で、本書を刊行することにした。私たちの提案が非現実的であると考える人は多いかもしれない。しかし、高齢者が4割を占める社会になれば（2014年現在26%、2060年に39・9%に達すると予測される）その様子は想像を絶する変化をきたすであろう。過去を振り返れば、40年前には喫煙者が3割を切るとは誰も想像しなかったし、30年前に日本人の1割が走る習慣を持つとは誰も想像しなかった。また、20年前にこんなに多くの日本人がキーボードで日本語をタイプするとは誰が想像しただろうか。社会は思うより大きく変わるものである。

＊

本書は、4章で構成した。第一章「今、日本の都市で何が起こっているのか」では日本の都市が直面している諸問題を各執筆者たちが、それぞれの専門領域の視点から観察と分析をおこなった。第二章では、本書の執筆者から11人が集まり、日本の住宅地の問題点は何かということ、この問題群の解決策としてコンパクトシティ政策が有効かを議論し、課題全体を俯瞰的に示すことに努めた。第三章では、CMAとは何かを簡潔に憲章のスタイルで示した。第四章は、再び、各執筆者の寄稿に戻って、CMAの活動の具体像に繋がる事例や提案を記している。ここでは、各節の論点によって以下の三つに括って並べた。「CMAは何ができるか」（1－4節）、「CMAによる都市・インフラ経営の可能性」（5－12節）、「小さなことからCMAをはじめよう」（13－15節）。これらの内外の事例は、第三章で概念的に提示したCMA「憲章」を補い、CMAを机上の議論を超えた現実的な構想として発展することを期待している。

大野秀敏（編集委員会代表）

註

★1　国土交通省は、都市ごとに複数の核となる区域に官民の投資を集中させ（都市機能誘導区域）、その周辺に居住地を誘導し（居住誘導区域）、核となる区域相互は公共交通で結び、多極ネットワーク型都市をめざしてマスタープランを立案するようにと自治体に要請している（97頁図035参照）。

★2　大規模な戸建て住宅地では、開発時には区画道路の建設費などが分譲価格に上乗せされていることも多いから、この点では集合住宅と同じであるが、戸建て住宅地では区画道路は多くの場合、行政に移管され日常管理費用や畳み方の責任を免れている。やはり不公平である。

★3　分譲マンションはいまや全国の住宅ストックの9・5％を占め（平成17年2月7日。国土交通省住宅局審議会資料<http://www.mlit.go.jp/jutakukentiku/house/singi/syakaishihon/bunkakai/4seidobukai/4seido4-8.pdf>：２０１７年２月25日参照）、大都市圏（札幌、仙台、さいたま、千葉、東京23区、川崎、横浜、名古屋、京都、大阪、神戸、福岡）では18・1％の世帯が分譲に住み、25・5％が賃貸に住んでいる（みずほ信託銀行株式会社『不動産マーケット・レポート』〔2012.02〕<http://www.tmri.co.jp/report_market/pdf/market_report1202.pdf>：２０１７年２月25日参照）。今の調子で分譲住宅居住者が増えれば、この不公平に気づき是正要求も顕在化してくるだろう。

第一章　今、日本の都市で何が起こっているのか

1—1 地方化する大都市圏郊外

三浦展

地方化する郊外

現在東京などの郊外は人口減少時代に入り、将来的には一種の過疎地になることが懸念されている。

2015年の国勢調査を見ると、東京圏の郊外（三多摩、埼玉、千葉、神奈川）において、2010年から人口が減っている地域は町村を除く市区で、かつ東京都心への通勤圏に含まれる主な市区だけでも、下記の市区が人口減少している。

東京都：立川市、青梅市、昭島市、東村山市、国立市、福生市、多摩市　埼玉県：さいたま市岩槻区、行田市、秩父市、所沢市、飯能市、加須市、春日部市、狭山市、羽生市、鴻巣市、入間市、桶川市、久喜市、北本市、蓮田市、幸手市、日高市、小川町、川島町、吉見町、鳩山町、ときがわ町、杉戸町、松伏町　千葉県：千葉市花見川区、千葉市美浜区、松戸市、野田市、茂原市、旭市、市原市、我孫子市、浦安市、富里市、八街市、酒々井町、栄町、神崎町、多古町、東庄町　神奈川県：相模原市緑区、横須賀市、平塚市、鎌倉市、秦野市、座間市。

このように1970年代から80年代、バブル期までに住宅地として開発された、主に都心から30－

50キロ圏の地域で近年人口減少が起きている。特にバブル期に開発された40キロ以遠の地域は、そこで生まれ育った郊外二世たちが、長い通勤時間を嫌って当該地域から流出していることが想像される。

つまり新しく育った生産年齢人口が減り、かつて生産年齢人口だったが現在は高齢者となった親世代ばかりが残る、という事態が進んでいるのである。これは高度経済成長期以降、日本の地方で起こってきた事態である。つまり今郊外が「地方化」しているのだ。

都心回帰というより都心再生産

人口減少だけについていえば、1960年代以降東京の都心部の人口も減り続けた。東京23区の人口のピークは1968年であり、その後団塊世代の結婚、出産に伴う郊外流出などにより1982年まで人口減少は続いた。特に千代田区は5万人を切り、中央区も5万数千人にまで人口が減り、「都心の過疎化」と言われたのである。

しかしその後、中曽根政権下の民間活力導入から近年の規制緩和により、都心の開発が進み、大規模マンション建設が増えると、再び都心人口の増加、いわゆる「都心回帰」が始まり、特に2000年代以降、千代田、中央、港などの都心3区ですら人口が大きく増えることになった。

だが、23区の人口動態を詳しく見ると、流入人口はさほど増えていない。それなのになぜ人口が増えたかというと、流出人口が減ったからである。なぜ流出人口が減ったかというと、結婚、出産を機に郊外に家を買わなくても、都心でマンションなどを買うことが容易になったからである。

たとえば中央区の人口の2005年から15年の推移を見てみると、30歳から50歳の人口が増えて

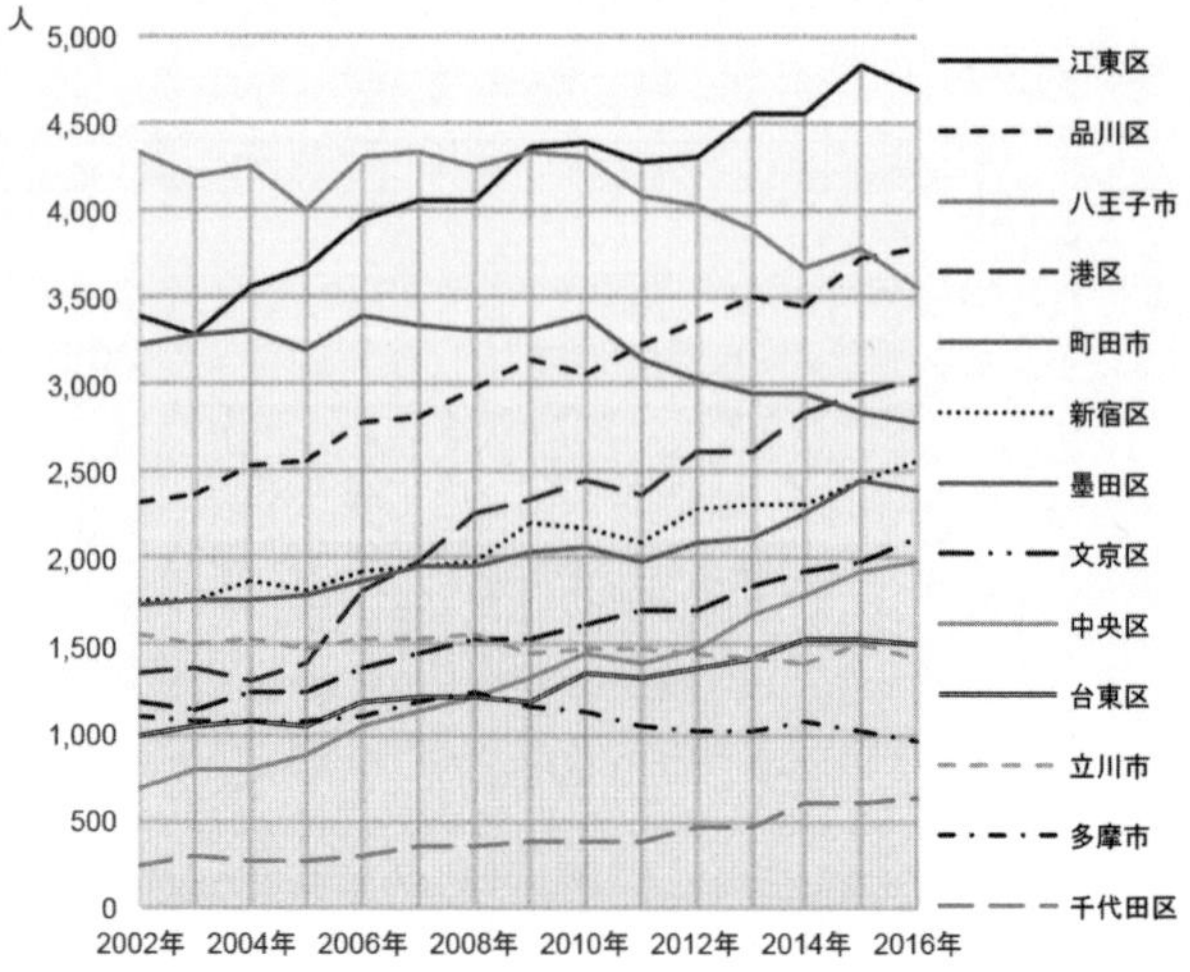

001　東京都の都心部の出生数 2002－2016年（出典：東京都福祉保健局）

おり、ほぼ30代の子供世代に当たる0－10歳の人口も増えていることがわかる。20代で中央区に流入した人口がその後30代になっても住み続け、子供を作った人も少なくないのである。実際、2002年から06年の出生数を見ると、港区は1344人から3048人、中央区は679人から1974人と大きく増えている。それ対して八王子市、立川市、町田市、多摩市といった郊外の市では出生数が横ばいか減少している。

タワーマンションしか解決策はないのか

このように都心において若年の単身者や夫婦のみ世帯だけでなく、出生数や子供のいる世帯の増加も見られるわけであり、そのぶん郊外における出産人口がますます減少することになる。そのことが、地域の高齢化を加速化し、高齢一人暮らし世帯の急増、空き家の増加、商店（大型店も含めて）の衰退、それらの結果としての自治体の財政難を招く。そのため各自治体でも人口増加策に躍起となっている。郊外の駅前の百貨店やファッションビルも近年次々と撤退しており、近い将来にはロードサイドのショッピングセンターも閉鎖していくだろう。

だが今のところ、人口増加のための現実的な策としては、駅前を再開発してタワーマンションを建て、比較的裕福な30－40代の現役世代を増やすという方法しかとられていないように見える。そしてそれがコンパクトシティ化だと思われている節がある。

実際、武蔵小杉のように、タワーマンション街になることによって川崎市全体の人口を押し上げ、人口の自然増加すらもたらした例もあり、この手法の有効性を認めないわけにはいかない。

だが、すべての郊外地域がタワーマンション建設によってのみ生産年齢人口の維持、増加を図れるとは思いにくい。また、郊外ニュータウンに住み続けてきた団塊世代などのシニアの今後を考えると、タワーマンションだけが解決策だとも思えない。既存の住宅地を生かしながら、激しい人口減少と高齢化を食い止める方法を考える必要がある。

1—2 縮退と大規模開発が進む大都市郊外

出口敦

団地開発と駅前再開発が切り拓いてきた郊外

本稿で取り上げる千葉県柏市は、東京都心部から北東方向に約30キロメートルの距離にある首都圏郊外のベッドタウンであり、人口40万4012人、世帯数16万2287世帯（いずれも2010年国勢調査）の中核市である。首都圏では戦前に開発された旧郊外の外側の区域において、戦後高度成長期の大規模な団地開発、宅地開発による急速なベッドタウン化が進行してきたが、柏市はまさにその典型とも言え、首都圏郊外開発の先頭を走ってきた同市の経緯や動向を見ることは、いわば団塊の世代の居住地として創られてきたわが国の郊外を考えるうえでも重要であると考えられる。

大規模な団地開発の代表例としては、1964年（昭和39年）に日本住宅公団（現・UR都市機構）によって開発された豊四季台団地が挙げられる。面積が約32・6ヘクタール、建設戸数が約4600戸と首都圏屈指の大規模住宅団地である。この敷地は昭和初期、東洋一の規模を誇ると言われた柏競馬場の跡地で、広大な土地がほとんど空き地状態で残されていたことで実現した。この年、柏市の人口は10万人を突破し、昭和30年（人口：約4万5000人）から約10年間で人口が2倍以上に増えた時期でもあった。

近年では、大都市地域における宅地開発及び鉄道整備の一体的推進に関する特別措置法（1989年制定）に基づく「一体型土地区画整理事業」による開発が2件あるが、同事業はいわゆる鉄道一体型区画整理事業と言われるもので、つくばエクスプレス沿線の柏の葉キャンパス駅周辺地区と柏たなか駅周辺地区で現在も事業が進行中であり、JR柏駅周辺の中心地とは異なるタイプの拠点の整備が柏の葉キャンパス駅周辺で進行中である。

002　豊四季台団地（筆者撮影）

同市でも戦後からこれまでの間に、こうした大規模な団地開発や宅地開発の事業が、多数実施されてきたことが、郊外住宅地形成のエンジンとなってきた。団地開発が進む一方、JR柏駅を中心とした柏中央地区は千葉県北部最大の商業集積地として、また常磐線の商業拠点として成長してきた。1973年（昭和48年）には全国に先駆けて駅東口を中心とした市街地再開発事業が実施され、駅前のデッキにつながる大規模商業施設が次々と建設され、現在の駅東口の基本形が整備された。

ただ、千葉県北部郊外の中心地としての地位を築いてきた柏市の中心地も、近年は商業活動が伸び悩み、消費形態が変化するなか、駅前のキャパシティの拡充、道路整備、老朽化したビル群の再整備など課題が山積している。近年の大規模再開発事業では超高層マンションが建設されるなど、商業地として転換期にきているが、柏駅周辺の状況は首都圏の郊外中心地の一つの典型的な傾向を示しているとも言える。

縮退する郊外都市の再生の取り組みと課題

人口構成の偏りと急速な高齢化への対応

国立社会保障・人口問題研究所の人口予測によると、柏市の将来人口は、2025年に41万6953人とピークを迎え、その後は減少に転じ、2040年には39万9131人(2010年人口の98・8%)にまで減少すると予測されている。加えて、高齢化率は、2025年で25・8%、2040年で31・7%にまで上昇し、市平均で3人に1人は高齢者となる時代が到来すると予測されている。

なかでも、1970年前後に開発された住宅団地では当時の子育て世代が一斉に入居し、その後も継続的な人口流入が少ない地域では、すでに高齢人口も減少傾向にある。2025年の人口予測では、柏市内の人口増加段階もしくは人口減少過程の第一段階(老年人口増加+生産年齢・年少人口減少)にあるが、一部はすでに第二、第三段階(老年人口減少+生産年齢・年少人口減少)が始まることが予測され、その対応が急務である。高度成長期の急激な人口膨張により形成された郊外住宅地は、人口構造が偏っており、これらの地区が今後の人口減少局面では大きな問題になると言える。

駅と団地開発地のインフラを活かしたコンパクト化

柏市は1960年(人口6万3745人)から2010年(人口40万4012人)までの間に人口は約6・3倍に増加したが、市街化区域は4479・5haから5453haへと約1・22倍に増加したに留まっ

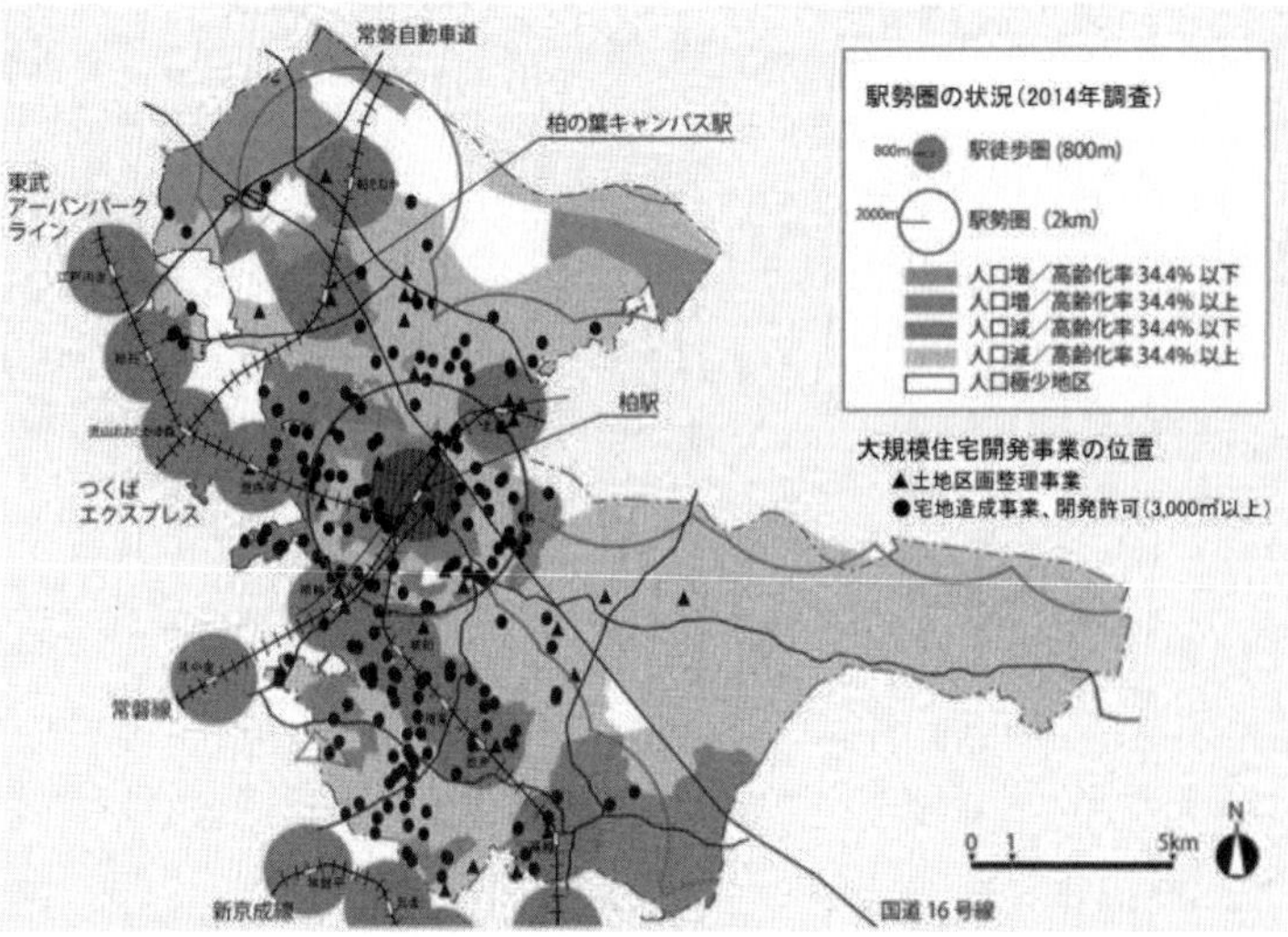

003　柏市の駅勢圏と大規模住宅開発事業の分布

ている。柏市の過去50年間の都市化は、大規模住宅地の新規開発を含む市街地拡大の一方で、鉄道駅や住宅団地を中心に市街地内を高密度化してきたこともわかる。

鉄道駅を中心とした郊外中心地の再生を目指すのであれば、公共交通指向型開発（TOD）や駅勢圏を中心にコンパクト化していく考え方に立ち、鉄道駅徒歩圏の商業集積の強化、高齢者対応の医療・福祉機能の合理的、重点的な配置、駅勢圏外の低密度地域の荒廃を防ぐための緑地・レクリエーション機能 の充実化などを図ることが求められる。

また、郊外の公的住宅団地や社宅団地などは、非計画的に市街化が進んだ区域に比べ、比較的道路や下水道などの都市基盤も整っていることから、これらの都市基盤は今後の資産にもなり得ると考えられる。ただ、住宅団地のインフラや施設を活かした拠点的な居住地となるためには、老朽化した施設をいかに効果的に再生するかが課題となる。

住宅地再生への民間活力の利用

空き地・空き家などの空洞化が進行するなか、空き地を緑の保全・創出につなげようというユニークな事業として、緑の創出などのために土地を貸したい土地所有者や使いたい市民団体等の支援情報を集約し、市が仲介を行うカシニワ情報バンクと、一般公開可能な個人の庭、地域の庭を市に登録してカシニワ公開の二つを柱とする「カシニワ制度」が2010年から運用開始されている。

団地再生に関しては、郊外住宅団地の高齢化に対応した事業として、高齢化率が40%超と高い豊四季台を対象に、住宅団地の建て替えに合わせ、在宅医療拠点の整備などを含む「豊四季台地域高齢社会モデル事業」を2011年より進めている。

こうしたURを含めた民間事業者や住民組織の活力の利用が空洞化や住宅地の再生には欠かせない。その試みが柏市においても取り組まれているが、今後の発展や応用の方向性が注目されるところである。

しかしながら、今後人口減少とさらなる高齢化に向かい、都市環境の維持管理も財政的に厳しくなるなか、鉄道駅と大規模住宅開発地のインフラを活かしたコンパクト化への市街地再編の道筋は未だ見えずにいる。その実現のシナリオには、駅徒歩圏の居住に対してインセンティブを与えるか、メリットが享受できる仕組みの導入も検討されなければならない。ただ、行政がカバーできる取り組みには限界があり、地域間競争を促す仕組みの導入により、駅徒歩圏の優位性がさらに高まることで、再編も進むことが期待できるが、その方策が課題であり、本書のテーマでもある。

1―3　昔に戻れない都市外縁部の自然

秋田典子

立地適正化計画とコンパクトシティの実現

立地適正化計画は、拡がりすぎた市街地を集約し、コンパクトなまちづくりを実現するための手段として、初めて具体化された制度である。国交省が作成したコンパクトな都市構造のイメージ図（97頁図035参照）には、鉄道駅を中心に公共施設や商業施設、医療・福祉等のサービス提供施設を集約した大小の拠点が、拠点の周囲には、居住を誘導し人口密度を維持する居住誘導区域が示されている。

現在の日本の土地利用制度では、都市化が進行しているエリアや市街化を促進するエリアは市街化区域に指定されており、それ以外は基本的に開発を抑制するエリアか、開発圧力が低いエリアが想定されているため、居住誘導区域には位置づけられない。立地適正化計画が画期的なのは、市街化を促進する市街化区域のさらに内側に居住誘導区域の設定が想定されており、すでに一定の人口集積がある場所において、いっそうの集約の促進が明示されたことにある。

004　低密度な集落やスプロール住宅地の多くは非集約エリアに該当する（筆者撮影）

撤退した後の具体像の欠落

拠点エリアへの施設の集約的立地がコンパクトシティであると短絡的に解釈されやすいのは、拠点や居住誘導区域以外の非集約エリアについて、そこに居住している人々の暮らしや生業をいかに維持するかということや、彼らが日常的に利用している農地や林地の持続的な管理に関する具体的な方向性が提示されていないことが要因となっている。立地適正化計画のイメージ図の非集約エリアには、大きな拠点と小さな拠点を結ぶ交通ネットワーク以外に何も描かれていない。しかし、こうしたエリアにも実際は、大都市外縁部のスプロール住宅地、地方都市の拠点駅周辺以外の住宅地、農山漁村の集落などタイプの異なる多様な暮らしの場が存在している。

2010年3月末時点でおおむね集約エリ

アに該当する市街化区域の人口は、全人口の3分の2にあたる約8500万人にのぼる。このことは、残りの3分の1の約4300万人は、非集約エリアに居住していることを示している。非集約エリアは現状でも人口減少で厳しい状況に置かれており、立地適正化計画によって中心部に居住機能が誘導されると、さらなる人口減少により、コミュニティの脆弱化や空き地の増加による安全・安心の低下など、様々な課題の発生が懸念される。

まちに賑わいを取り戻し、無駄なエネルギーの消費を避け、効率的にインフラを維持・管理してゆくことは、人口減少や環境問題に対応するために取り組むべき重要な課題の一つである。しかし、立地適正化計画では、拠点エリアにおける施設立地が具体的な事業につながりやすい一方で、居住誘導に関する具体的な手段が明確でなく、さらに非集約エリアに対しては具体的な施策が存在しない。このことが、コンパクトシティに対する漠然とした不安につながっていると考えられる。

土地を放置しても自然には戻らない

現代社会では、産業の成熟度が高まると必然的に土地が余る。例えばイノベーションにより生産の効率性が高まれば、より少ない土地でより多くの生産が可能になる。また、国際経済のなかでは、労務費や土地代が相対的に安価な国に生産拠点がシフトする。このような様々な要因から土地に対する需要が低下に向かうなかで、人口減少と相まって中心市街地、産業用地、都市の外縁部、農地、森林など、あらゆる場所で管理されない土地がランダムに発生するのが、成熟型の人口減少社会の土地利用の変化の特性である。

これらの低需要地はまとめて大規模な農地にすれば良い、あるいは自然に還せば良いという意見も少なくない。しかし、わが国の土地は零細な地権者に細分化されているうえ、憲法に基づく強い財産権で守られているため、土地をまとめることは容易ではない。また、先祖代々守ってきた土地というように、経済面だけでは測れない土地に対する愛着も強い。この結果、たとえ行政による土地の買い上げが制度的に可能であっても、利用効率の低いモザイク状の土地になりやすいことは、東日本大震災で被災した低平地の土地利用においても課題になってきた。

一方、人間が自然に手を加えた場合は、1000年が経過してもその影響が残り続けると言われている。現在、我々が目にする自然環境の大部分も、人が自然環境と関わってきた結果として形成されている。例えば白砂青松という風景を形成する砂浜は薪炭採取による森林破壊の結果であり、薪炭採取活動が衰退した現在は逆に海岸浸食が進んでいる。人工的に土地の改変が大きく行われていれば、自然に与える影響もそれだけ大きくなり、空間を放置しても自然環境は再生されず、不安定で質の低い自然環境が循環し、生物多様性や生態系の維持に対するリスクにもなる。したがって、自然に還すにしても農地にするにしても、拠点の形成と同様に事業を通じた将来的な土地利用の実現は不可欠になる。また、農地にするのであれば、農業の担い手や生産された農作物に対する需要も必要であり、緑地であったとしても一定の管理作業は必要になる。これらにかかるコストや人的資源を誰がどのように担うのかという検討は、コンパクトなまちづくりの前提条件でもある。

行政による非集約エリアの対策

もちろん行政も、非集約エリアの土地利用の管理について、まったく策を打っていないわけではない。その一つが、平成30年度の税制改正大綱により、新たな税に位置づけられた森林環境税である。

わが国の国土の約7割は森林であり、その大部分は戦後に形成された人工林である。しかし近年は木材価格の下落や林業者の高齢化等により、森林の荒廃が深刻化している。森林環境税は、地方分権に伴い自治体が独自の目的に基づく課税が可能になったことを受け、荒廃森林の適切な管理を目的として2003年に高知県で初めて導入された。これは荒廃する人工林の環境改善につながる仕組みであったことから、2014年3月時点ですでに全国の70％以上の府県で採用されていた。

森林環境税では、健全な森林の状態を維持するために主に人工林の強間伐に対する補助金の支出を通じて水源地の保全や森林機能の回復に取り組んでいる。強間伐は1回に間伐する樹木の割合を大幅に増やすことで間伐の回数を減らし、管理のコストを下げようとするものである。ただし、間伐コストはこれまで人工林の所有者が土地から収益を得るための管理コストとして支払ってきた。しかし林業によって得られる収益が小さくなることにより、管理コストも支払われなくなり、森林の荒廃に至っている。本来、土地所有者は、所有している土地から収益を得る権利だけでなく、それを適切に管理する義務も負う立場にあると考えると、管理コストが支払えない場合は土地を手放し、管理できる主体がこれを行うか、税により管理を行う場合は公的組織が所有し、行為の正当性を確保することも必要である。人口減少社会においてはこうした土地利用の管理に関する制度や意識の転換も不可欠であり、このような制度が土地所有者が自ら森林を管理しようとするモチベーションを除去しないように留意してゆく必要もある。

コンパクトシティ実現の前提となるもの

都市をコンパクトにすると身軽になると思われるかもしれないが、非集約エリアの土地の維持・管理にかかるコストを誰がどのように負担するかということについての検討がなされない限り、将来的にこの点が大きな負担となり、コンパクトなまちづくりの足枷になりかねない。森林環境税はその一つの解決策だと言えよう。

しかし、コンパクトなまちづくりの検討においては、まずは非集約エリアに関するイメージ図の補足が必要である。拠点や居住誘導エリア以外にも人が暮らしを営んでいること、農地や林地などの自然的な利用が行われている土地の維持や管理にもコストがかかることを踏まえたうえで、いかにその土地を「非集約エリア化」してゆくかというプロセスを描くことがその第一歩になる。

1―4 市街地の溶解と拡散が進む地方都市

姥浦道生

「コンパクトシティ」のメインターゲットは地方都市である。その地方都市においては、どのような空間が形成されているのだろうか。ここでは、地方都市の空間を「拠点」(点)と「住宅地」(面)と「公共交通網」(線)に分けて、それぞれの実態がどうなっているのかについて述べたうえで、同様の状況が見られるドイツにおいて、それがどのようなものとして捉えられているのかについて述べていく。

拠点(点)

都市の拠点を構成する最も重要な要素としては、商業機能と公共公益機能が挙げられる。

このうちまず商業機能については、中心部においては、商店街、特に小売機能の衰退が著しい。これは、地元資本の中小小売店についても、また核となっている百貨店や総合スーパーについても言えることである。その一方で、郊外には大型ショッピングセンターや専門店がロードサイドに広く――つまり〝核〟と言えるものを有することなく――立地している。

原因はいろいろ挙げられる。流通構造の変革で各面でも品揃え面でも郊外型専門店が優位にあること、中心市街地中小小売店の世代交代が進まず、特に若い世代にとって魅力の乏しい店づくりになっていること、インターネットにより小売業自体がバーチャル店舗に押され始めていること、などである。競争に伴う撤退は中心市街地においても郊外においても見られるが、郊外の商業施設の撤退後には、また新たな商業施設が入ってくる場合が比較的多く、中心市街地の場合には低未利用地化する場合が比較的多い。

次に公共公益機能についても同様である。以前は中心部に集中的に立地していた市役所や、総合病院、文化ホールなどの公共公益施設が、建て替えを機に、広い敷地と駐車場のある郊外部へと移転していった。そのため、中心部の空洞化が進行する一方で、これらの施設の相互の場所的関連性は薄く、それぞれの論理に基づいて自由に立地している状況である。

このように、これまでの中心市街地―郊外地区センターという伝統的な拠点の階層的な施設の立地構造が崩壊し、拠点が溶解し、各施設が分散的に立地するという構造になっている（〝拠点の拡散化〟）。

住宅地（面）

既成市街地、特に中心部の住宅は、敷地が狭くて駐車場がない場合が多い。これは、車を前提とした現代家族のライフスタイルに合っていないため、そのような物件に対する需要は低い。また、建て替えようとしても接道条件を満たしておらず、法律的に建物を建て替えられない場合もある。さらには、相続をしたものの遠方に住んでいるなどの理由から利活用に関心がなく、放置している場合もある。その結果、中心市街地をはじめとした既成市街地においては、バラバラと、つまり時間的にも空間的にも無秩序な形で空き地や空き家が発生してきている（リバーススプロール）。

その一方で、どのような地方都市でも、開発圧力がなくなっているわけではない。人口や世帯が減少していても子供が親から独立するという「世帯分離」がある限り、または家族の人数や人生のステージに変化がある限り、開発圧力は存在するのである。つまり、総世帯数は減っても、開発圧力はなくならない。そして、このいわば〝貴重な〟開発は、以前と変わらず郊外部で個別的に農地を転用して無秩序に行われている場合が少なくない（スプロール）。

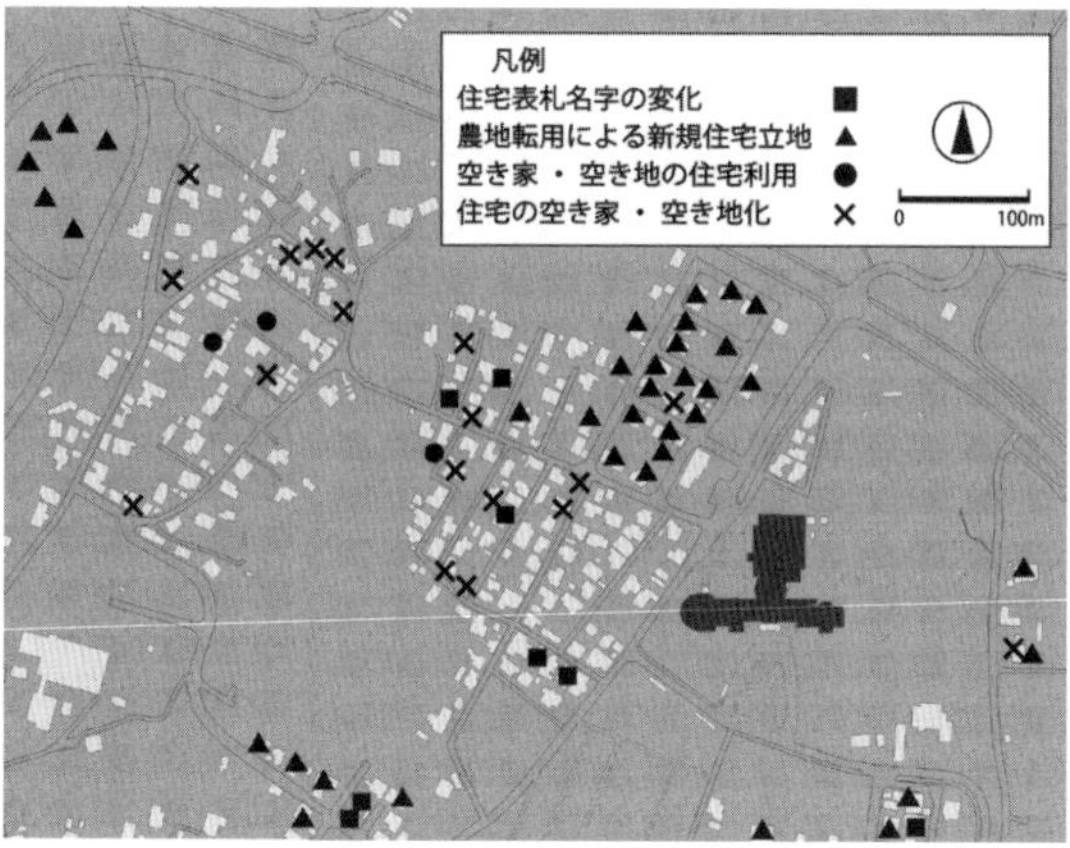

005　K地区における1992–2012年までの土地利用の変化（筆者作成）

これら二つが合わさり、空き家・空き地化が進行している集落のすぐそばで、新たな一団の開発が進行しているという場合さえある。図005は、秋田県の人口約3万人の市の郊外、K地区における1992年から2012年までの20年間の土地利用の変化を、住宅地図を使って追ったものである。地区内には、居住者が変わりつつも宅地としての利用が継続している場合も見られる。しかしそれだけではなく、住宅の空き地・空き家化が進行している一方で、そのすぐそばで農地を宅地化して、新しい住宅開発が進行している状況も読み取ることができる。土地利用の規制が緩いため、新しい世帯が地区に入ってきたとしても、必ずしも元から宅地利用されていた場所に穴埋め的に入ってくるとは限らないのである（リバーススプロールとスプロールの同時進行、図005）。

このように、これまでのように「市街地内には一定の高い密度で人々が居住し、郊外部は農地が中心」という構造から、「市街地内の土地利用密度が低下する一方で郊外部にも低密な市街地が広がる」という構造になっている（〝住宅地の希薄化〟）。

公共交通網（線）

拠点の拡散化と住宅地の希薄化という、「点」と「面」の変化によって、それらを結ぶ公共交通についても影響が生じてきている。そもそもモータリゼーションの発達や人口自体の減少に伴い、公共交通需要が減少していることに加えて、「面」の希薄化により需要を効率的に集めることが困難になり、「点」の拡散化により集めた客を効率的に目的地に輸送することが困難になっている。その結果、さらに公共交通利用者が減少し、その維持が困難になってきている（〝公共交通網の溶解〟）。

ジーバーツによる「間にある都市」の議論

このような状況は、日本だけに限らない。伝統的な意味での都市・農村空間が明確に分かれていると思われているヨーロッパ・ドイツでも似たような状況にある。このような、伝統的な意味での都市でも田園でもない空間――わが国では概ね高度成長期以降に拡大した市街地に該当する空間――を、ドイツ人都市計画家ジーバーツは「間にある都市」と呼び、その積極的な認識とデザインの重要性を主張する。

彼が「間にある都市」と呼んでいる空間は、単にその空間的位置なり物理的構成要素が中心市街地とも農村地域とも異なる、というものではない。経済的にも文化的にも、また環境的にも都市でも田園でもない、そのような性質の空間である。しかし実態としては、そここそが人々の主要な生活空間になっている。そこには、ヒエラルキー構造を有する中心性はなく、結節点とネットワークによって構成された、均等に機能が分布している空間が広がる。「コンパクトな都市」というものはヨーロッパですら「神話」であるとされる。彼は、まずはこのような現実を直視したうえで、それを否定的に捉えるのではなく、新しい創造的で潜在的な力を持った空間として積極的に捉えることが重要であると指摘する。

このような「間にある都市」は、生産・消費に関する合理性を特徴とする「システム」と生活空間として認識される「アゴラ」としての性質の両面を有するものである。それらを融合させるためには小さなスケールの計画を長期的な再構築戦略の構成要素として実施していく観点（展望的漸進主義）が重要であるとする。さらには、構造や特性を把握することを通じて「間にある都市」のイメージを形成・共有していくこと、各種プロジェクトを通じてそれを形として示すことが重要であると述べる。

彼は郊外に広がる空間を単に「縮退」する空間として見ているわけではない。その空間のイメージをデザインすることによって、魅力の向上が可能だと主張しているのである。

このような彼の議論は、日本の都市空間にも非常に適切にあてはまるものである。人口減少に伴う「都市の縮退」の必要性が叫ばれて久しいが、現実問題として空閑地は、先にもリバーススプロールとして述べたように、時間的空間的に無秩序に発生する。そのため、計画的な一団的な拡張はできても、一団的な縮小、計画的な縮退はほぼ不可能である。では、そのような空間をいかなるものとして維持・管理していくか。本書が扱っているのは、まさにこの問題である。

1―5 一次取得者が急減する住宅不動産市場

栗原徹

都市の大部分は民間によってつくられている

都市は公共の力だけでできているわけではない。道路などのインフラや行政施設は公共が整備するが、都市の大半を占める住宅や商業施設などは民間によってつくられている。そして都市計画はこれらの民間開発をコントロールすることで、都市を望ましい方向へと誘導してきた。

これからの都市がどうなるのかは、その大半を占める民間開発の動向に大きく左右され、人口減少によって住宅や商業施設の需要が低下する状況で、開発がどう変化するかを見極めることが重要となる。ここでは地方都市を中心として民間不動産開発の動向と都市への影響について考えてみたい。

人口減少時代の住宅市場

不動産開発の主流は住宅であり、そのなかでも初めて住宅を取得する「一次取得者」が住宅需要のカギを握っている。一次取得者の多くは結婚して子供ができ、長期の住宅ローンを組める30歳代で、取得できる住宅価格は3000万円前後が中心である。

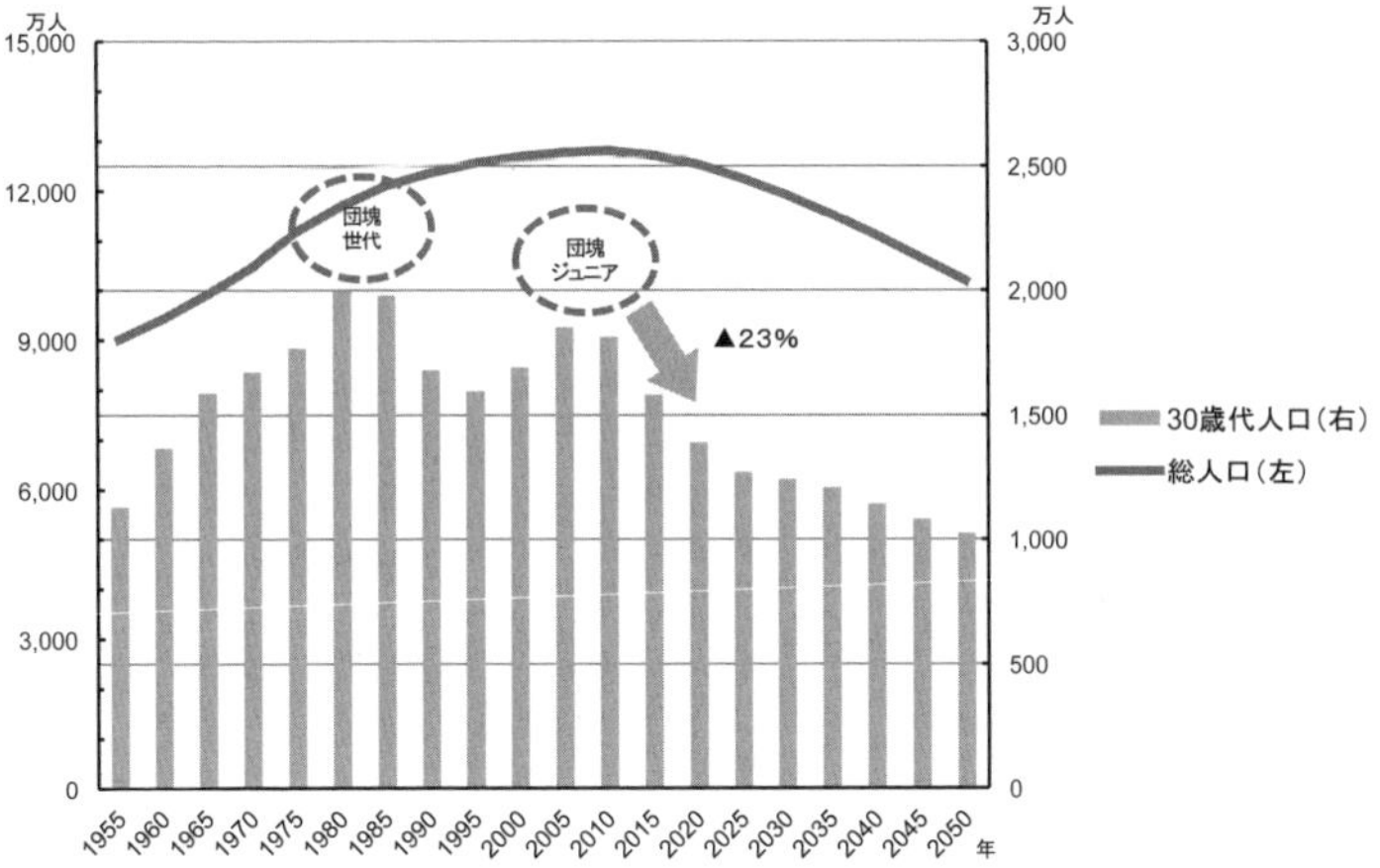

006　激減する30歳代人口
（実績値〔2010年まで〕は総務省統計局、推計値は国立社会保障・人口問題研究所の将来推計人口〔平成29年1月推計、出生中位・死亡中位〕をもとに筆者作成）

その30歳代が激減しつつある。国立社会保障・人口問題研究所の人口推計では、２０１０年から２０２０年までの10年で30歳代の人口が１８１３万人から１３９１万人へと23％も減少する。これは、２０１０年時点で30歳代だった団塊ジュニア世代（１９７１年から74年生まれ）が２０２０年には40歳代になるためである。30歳代人口は団塊世代がピークアウトした１９９０年にも大きく減少したが、このときは団塊ジュニアがいたのでその後回復した。しかし、今回は減少が止まらない見通しであり、一次取得者の大幅な減少は住宅供給に大きな影響を与えるだろう。

地方都市の住宅開発

地方都市では一次取得者をターゲットとする戸建て住宅が郊外で供給されてきた。総額３０００万円のうち工事費２０００万円とすれば土地代は1000万円で、敷地面積200㎡なら地価は㎡あたり5万円ということになる。こういったニーズに応えるために地価の安い郊外での開発が行われてきたわけだが、一次取得者が激減すれば郊外開発も縮小せざるを得ない。

それでは地方都市の住宅供給はどうなるのか。全体としては当然減少するのだが、高齢者をターゲットとする都心のマンションや介護サービス付き高齢者住宅はある程度需要が見込まれる。それ以外で期待できるのは、空き家活用のリノベーション住宅ぐらいだと思われる。

戸建て住宅は築後20年経過すれば建物の価値は0といわれ、空き家はほぼ土地代のみで入手できる。これに改修費用1000万円程度かけてリノベーションすれば、新築より安価で魅力的な住宅を供給できる。国も中古住宅の流通を推進しており、市場が整ってくればリノベーション住宅は十分な競争力を持つこととなり、住宅市場は新規開発からリノベーションへと移行するのではないか。

コンパクトシティは実現するのか

地方都市のコンパクトシティ施策によって、市街地はコンパクトになるのだろうか。新規開発が減少すれば市街地の拡大圧力は小さくなるだろう。しかし、すでに拡大した都市をコンパクト化するためには、郊外の住宅地を居住誘導区域に集約しなくてはならない。

郊外の住宅はほとんどが持ち家で、郊外から居住誘導区域に居住地を移転するためには、郊外の住宅を売却し、その資金で居住誘導区域の住宅を購入することになる。しかし、コンパクトシティ施策で開発が規制される地域では住宅の売却は難しい。仮に売却できたとしてもかなり安価になるので、より地価の高い居住誘導区域で住宅を購入するには相当な追加負担が必要となる。このように経済的ハードルが高いため、郊外から居住誘導区域への住宅移転は自然には進行しないだろう。

郊外から居住誘導区域への移転に補助金などのインセンティブを与えれば、居住誘導区域の人口減少を食い止める効果は期待できるが、郊外住宅地を完全になくすことはできないので市街地はコンパクト化せず、郊外を支える道路や上下水道などのインフラも維持管理し続けなくてはならない。

商業機能の都心への集約は難しい

商業機能を都心に集約することは可能だろうか。人口が減少すれば都市全体の商業規模も縮小し、さらにネット通販などのシェアが拡大しているので、都市の商業施設の総量は減少せざるを得ない。それではどのような商業施設が生き残れるのだろうか。

商業施設が郊外のバイパス沿道などに立地するのは、車によるアクセス性が良く、地価が安いので広い敷地と駐車場が確保できるためであり、車社会が前提の地方都市の商業施設としては不可欠の条件である。地価が高く、まとまった敷地の確保が困難な都心で、この条件を満足させるのは至難の業であろう。

コンパクトシティは、公共交通を充実させて自家用車に頼らずに生活できる都市を目指しているのだろうが、地方都市は大都市圏に比べると都市機能が圧倒的に脆弱であり、自家用車という自由度が高く広域移動可能なツールがあることで、初めて豊かな生活が営める。地方都市において公共交通のみで自家用車に匹敵する利便性を確保しようとするのは現実的ではない。

車社会が今後も継続するのであれば、商業施設の成立条件もこれまでと同様で、都心ならではの優位性を発揮できる一部の百貨店や専門店を除けば、地価が高い都心の商業施設はかなりの部分が淘汰される可能性が高い。

都心に商業機能を集約することは、車社会を前提とすれば合理的とはいえず、簡単には実現できないだろう。無理に都心に集約させようとするより、幹線道路に沿って都市機能をネットワーク状に分布させる都市計画のほうが現実的ではないだろうか。

これからの地方都市のまちづくり

これまでの都市計画は、都市への人口集中とそれに伴う開発の進展など、右肩上がり経済と十分な開発圧力を背景に、拡大しようとする市街地を規制誘導することで成立してきた。しかし、人口減少社会における地方都市では開発圧力が著しく低下するため、従来のように新規開発を規制誘導する手法は十分機能しなくなる。

それではどうすればよいのか。まず、民間の経済合理性を十分に認識することが重要である。開発圧力が低下した状況では、民間開発を誘導しようとしても、経済合理性に反していれば民間はついてこない。理想的な都市計画をつくって民間を誘導するのではなく、民間の行動原理を把握し、それを前提として都市計画を組み立てるという発想の転換が必要である。

そして、「新たな開発」ではなく「既存の土地や建物の利用」をコントロールする仕組みが必要である。仮に新規開発がなくなっても、都市には住宅や商業施設などは存在しており、これを適切に維持管理することが重要になってくる。空き地や空き家が発生しても、これを有効に活用できれば、地域にとってのメリットになる。住宅が新築から既存ストックのリノベーションへと移行するように、都市もデベロップメントからマネジメントへと転換すべき時期にきているのである。

また、既存の土地や建物利用をコントロールするには、都市全体を画一的に規制誘導するのではなく、地域の視点で各々の土地や建物利用をきめ細かく誘導する必要があり、そのためには地域単位でのマネジメントの仕組みが重要になってくる。

今後、人口が減少すれば空き地や空き家が増加することは確実だが、有効活用できれば空き地や空き家は地域の資産となる。人口減少は地域資産の増加だと捉え、これらの資産をマネジメントして地域の価値を向上させることが、地方都市のまちづくりにおける重要なテーマになるのではないだろうか。

1―6 スポンジ化しながら縮小する都市

饗庭伸

都市のスポンジ化

近代化以降日本の人口は一貫して増加し、人口の入れ物である都市も一貫して拡大してきた。都市には住宅、商業施設、オフィス、公共施設、工業施設などが含まれるが、拡大の主因は住宅であろう。戦災によって多くの住宅が破壊されたため、戦後のしばらくは、まず住宅の戸数を増やす形で都市は拡大し、統計上は住宅数が充足した1970年代以降は、質の高い住宅が欲しい、より広い住宅を手に入れたいという人々の欲求によってさらに都市は拡大した。

ここから先の人口減少期において、住宅によって膨らんだわが国の都市はどのように縮小していくのだろうか？　都市は人口の圧力をうけて中心から外側にむけて拡大していったので、その圧力が弱まったら、風船がしぼむように外側から内側にむけて縮小していく、というイメージを思い描いてしまいがちである（図007上）。しかし、私たちの都市が拡大した主因は住宅である。そこに住む人々が、寿命を迎えて少しずつ減っていくから住宅が不要となり、それが空き家や空き地となって都市が縮小していく。そして、都市の外縁部に住む人たちから寿命を迎えていく、ということが起きない限り、都市が外側から内側にむけて縮小していく、ということは起こりえない。さらに付け加えるとすれば、都市拡大期には、都心から人口が流出し、郊外の人口が増えていく「ドーナツ化」と呼ばれる現象が起きた。このことは都市には外側にいけばいくほど、新しい住宅が建っているということを意味している。2000年以降、大都市では都心回帰現象が起きたが、多くの都市でその現象が限定的であったことを鑑みると、都市が外側から内側にむけて縮小していく、というイメージがより現実的でないことがわかるだろう。

これらのことを前提とすると、都市は外側から縮小するのではなく、都市の内側にある、個々の敷地単位で、ポツポツと穴があくように低密化する、というイメージのほうが、より現実的である（図007下）。都市全体の大きさはあまり変わらず、内部が低密化していくのである。このような現象を「都市のスポンジ化」と筆者は呼んでいる。

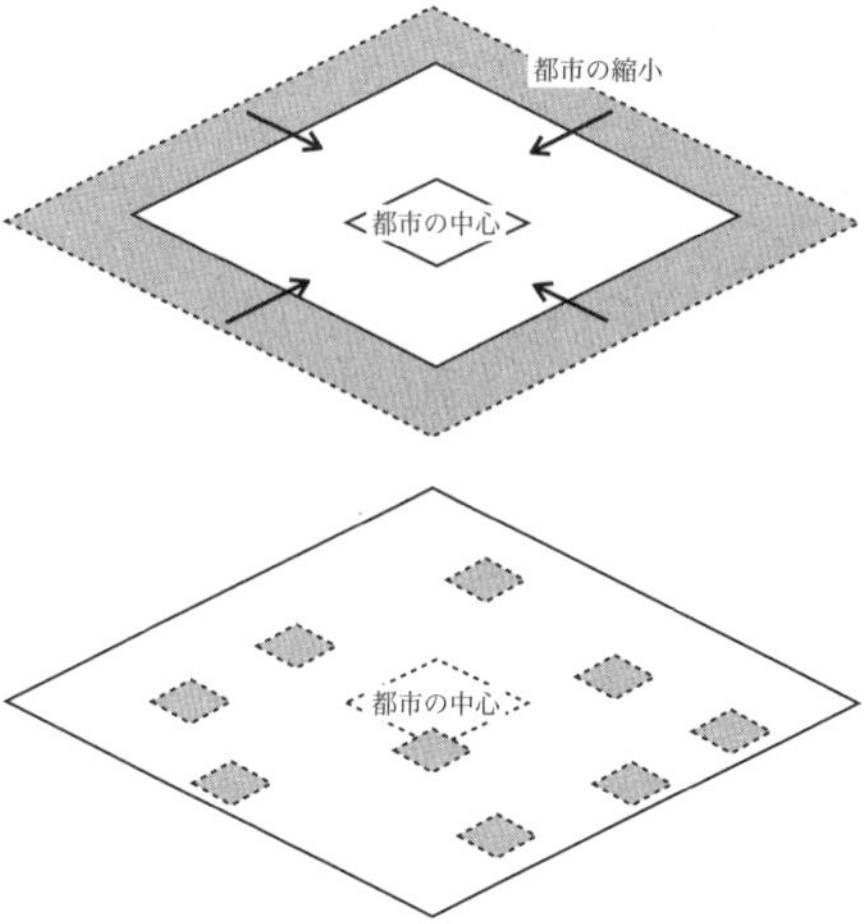

007　都市の縮小の実際

次頁の図は大都市の郊外と地方都市の中心部のそれぞれにおいて、空き家や空き地がどのように出現しているのかを示したものであるが、空き家や空き地はエリアの内部の特定の場所ではなく、ランダムにあちこちに発生していることが見て取れる。人口減少による都市空間の低密化はこのような形で顕在化するのである。

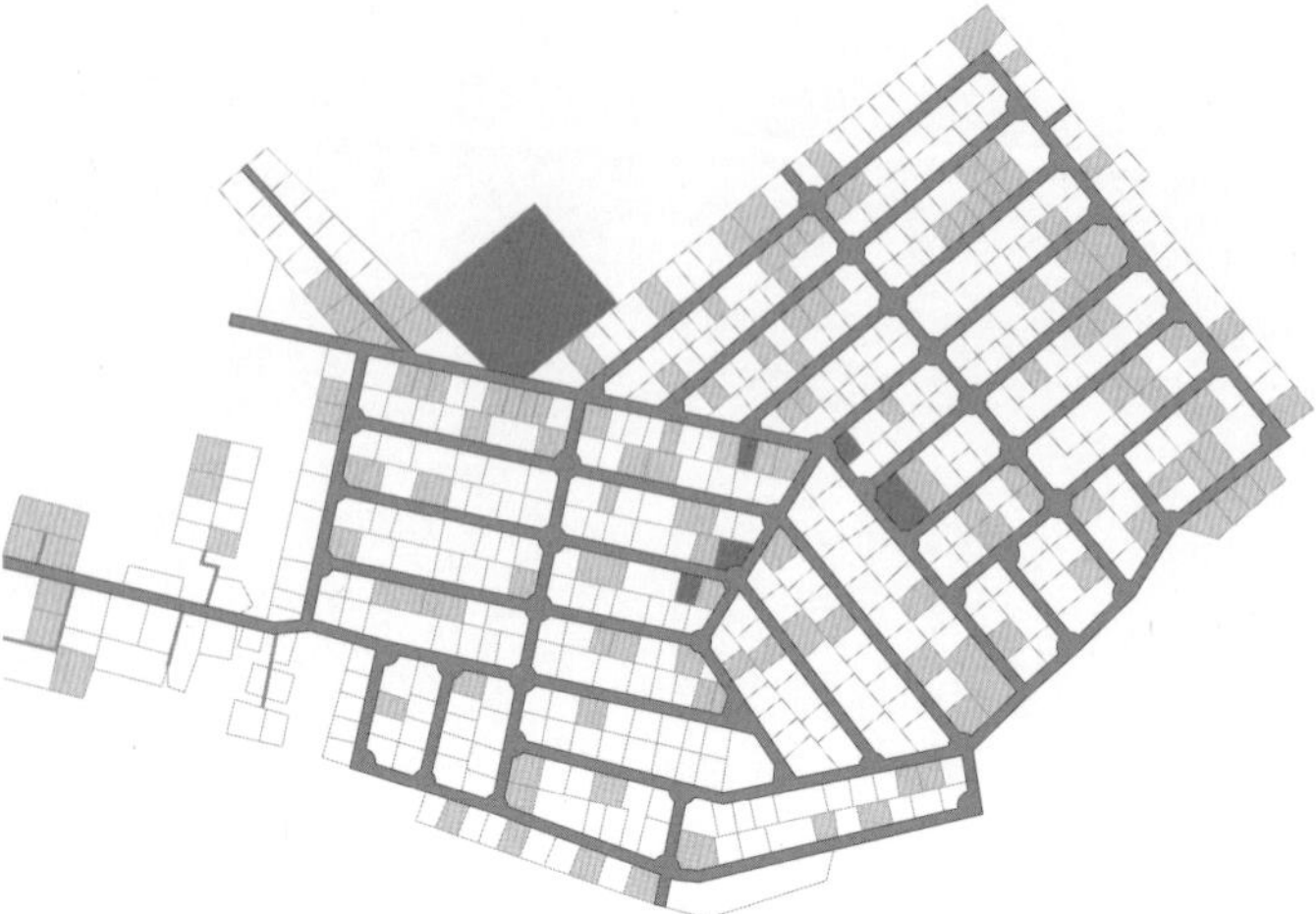

008　大都市郊外のスポンジ化の状況（灰色の敷地が空き地である）

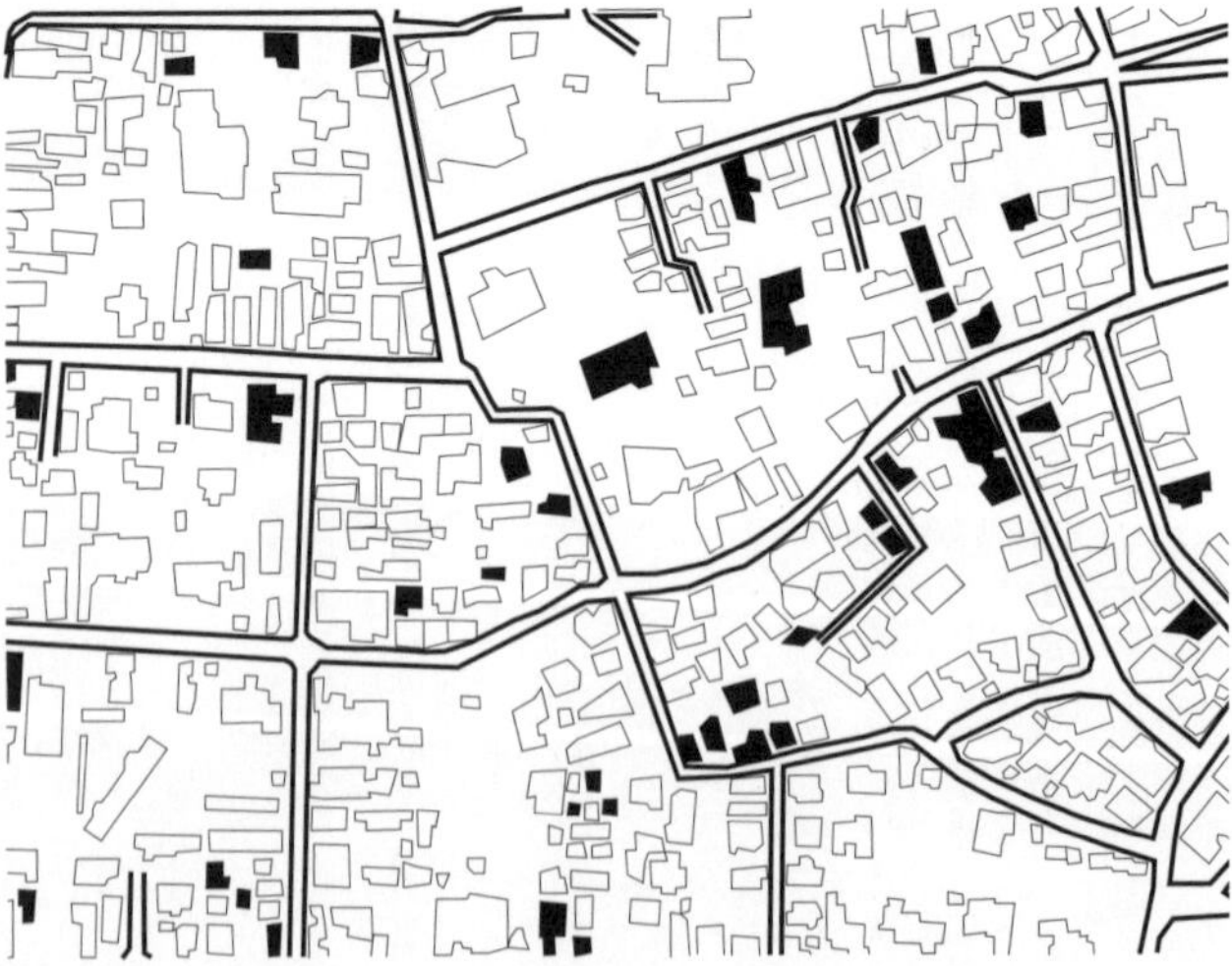

009　地方都市のスポンジ化の状況（黒色の敷地が空き家である）
（図007－009出典：饗庭伸『都市をたたむ』花伝社、2015年）

スポンジの密度を規定する要因

二つのエリアのスポンジの密度に違いがあることに注目してほしい。スポンジ化は都市の全域で起こりうるとはいえ、都市の中のすべてのエリアが均質な密度でスポンジ化するわけではない。エリアによってスポンジ化の多寡があり、それは、どのような条件に規定されるのであろうか。

まず、開発時期に大きく規定されると考えられる。都市は、すでにあった市街地から連担して開発されていったので、開発時期によって古い建物ストックが集積しているエリア、新しい建物ストックが立地しているエリアがある。古い住宅ほど居住者が高齢化し、世代交代がうまく進まず空き家や空き地になる可能性が高いので、スポンジ化が著しくなる。戦前から形成されているような中心市街地の空洞化(例えば商店街のシャッター通り化)が課題となったのは90年代であるが、やがては1950-60年代に開発された郊外の住宅地、70年代に開発された郊外の住宅地へとスポンジ化が著しくなってくるのではないだろうか。

また、自動車の使いやすさにも規定されるだろう。特に公共交通網が十分に発達していない地方都市において、自家用車の交通環境は必須である。住宅地はその開発された年代の自動車のサイズや所有台数にあわせて作られているため、ある時期以降に開発された住宅地は一定以上の交通環境を持つだろうが、道路が狭くて運転がしにくい、少しだけ車をとめて用を足す路肩がない、車庫が1台分しか確保できない、といったちょっとした交通環境の違いによって、スポンジ化の状況が著しく異なってくる可能性がある。

その他、地形、災害への危険性といった自然環境、買物のしやすさや小学校の近さといった生活環境、といった要素が考えられるが、ここで強調しておきたいのは、こうした「外的な要因」以上に、スポンジ化を推進するのは、住宅の所有者の家族の事情、仕事の事情といった「内的な要因」であるということである。どのように立地が素晴らしいところでも、所有者が亡くなり、土地を引き継ぐものがそこを継ぐことが困難な場合はスポンジ化する。外的な要因は都市計画である程度は整えることはできるが、内的な要因は整えることができない。密度の多寡はあれども、都市が全域にわたってスポンジ化する流れは止めることはできないということなのだろう。

スポンジ化の見え方

スポンジ化は空き家や空き地の形で顕在化する。しかし、空き家はスポンジ化の波打ち際のようなものであり、昨日まで空き家であったものが、価格が下がる（価格は自然に下がるのではなく、売りたい人の意思と、買いたい人の意思が一致した時に価格が決定するのである）ことにより、空き家ではなくなることがある。つまり、都市を鳥の目で見た時に、スポンジ化が著しいエリアがあり、それは前項で述べたような条件下にあるものと考えられるが、ミクロに見ると一つ一つの敷地が、明かりが明滅するように空き家化したり、使われるようになったりする。そして、まさしく電球が切れるように、どこかのタイミングで明かりがぷつりと切れてしまうのである。

2015年に「空家等対策の推進に関する特別措置法」が施行され、市町村によって空き家の実態調査が行われることが増えた。そこでは、まずは周辺情報（例えば水道料金を支払っているかどうか）や目視によって空き家であるかの見当がつけられ、その後に固定資産税台帳等の情報を使って、所有者（課税対象者）に連絡がとられて、空き家であるかどうかの確認がとられる。様々な理由で、所有者から主観的に「空き家ではない」という回答があれば、外見上は空き家であっても空き家としては数えられない。スポンジ化が進むエリアはこのような「広い意味での空き家群」を多分に含んだまま存在している。

その「広い意味での空き家群」は、大きく四つの類型に分けて整理できる（図010）。一つ目の類型は、耐震上、景観上に著しく欠陥のある空き家、いわゆる「特定空き家」であり、固定化された「スポンジの穴」とでもいうべき空間である。しかし、多くの都市ではこの「特定空き家」は両手で数えるほどしか存在しない。対照的に大多数を占めるのは、たまたま販売価格や賃料が高いから、買い手や借り手がつかない空き家である。これを二つ目の類型として「市場空き家」と呼ぼう。市場空き家については、価格や情報の流れを少し変えるだけで、簡単に空き家ではなくなる。外観上も空き家としてわからないこともあり、認識上もスポンジの穴として顕在化しない空き家である。三つ目の類型は、この「特定空き家」と「市場空き家」の中間にあるような空き家、すなわち、それほど性能が悪くなく、かつ所有者が何らかの事情で市場による解決を積極的に望んでいない空き家である。例えば両親が亡くな

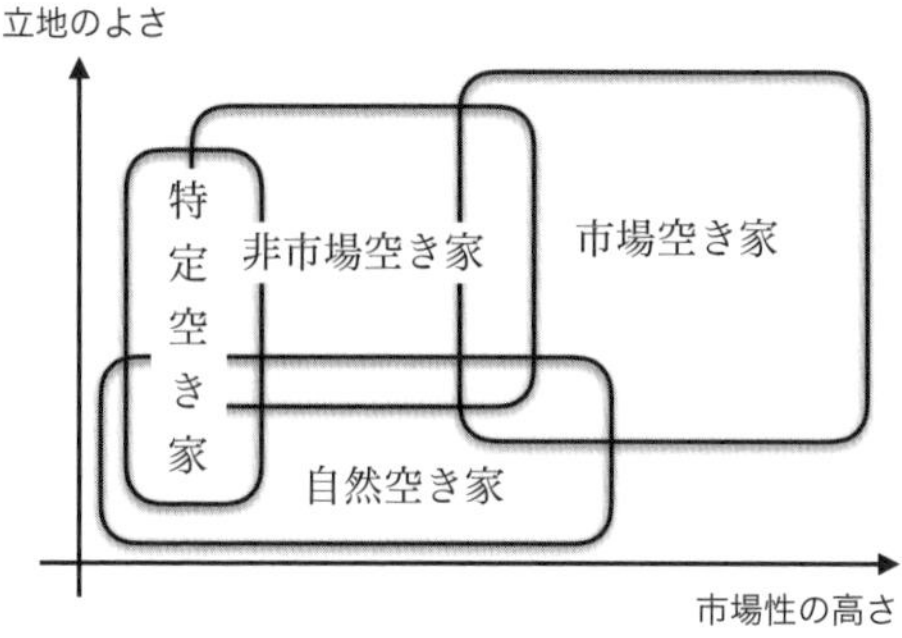

010　広い意味での空き家群の見取り図（筆者作成）

って相続したものの、思い出がいっぱい詰まった住宅を売却する気にはなれない。所有者も経済的に困っているわけではないので、売却する理由もない、というような空き家である。これを「非市場空き家」と名づけよう。近年では、こうした空き家を地域の財産として、福祉の施設や交流の場として半公共的な空間として再生、再活用する取り組みも多くある。こうした「非市場空き家」の利活用が成功すれば、スポンジの穴は暫定的に塞がれることになるし、その利活用自体が地域の価値をあげ、ひいては局所的に人口減の歯止めをかけることになる。しかし、人口減少の大きなトレンドのなかでそれは永遠ではなく、「非市場空き家」は様々な価値を使い果たされ、役割を終えていくことになる。そのような空き家はどうなるのであろうか。図では第四の類型である「自然空き家」を示した。あまりいい名づけではないが、誰にも利用されない自然状態にある空き家という意味である。人口減少社会において、最終的には、この類型が多くなってくるだろう。

以上、本稿では都市が縮小していくイメージとして「スポンジ化」というイメージを示し、スポンジの一つ一つの穴が明滅するように空いていく状況を示した。もちろん、地域によってそのパターンにはある程度の多様性があることが想定される。地域ごとにそのパターンを読みきって、適切な将来像を描くことが望まれる。

1―7 用途混在地で更新が進む大都市都心部住宅地

國分昭子

人口が増加し続ける地域

都心部ではどこで人口が増加し、どのように市街地の更新が起きるのか。本稿では、住宅地図で建物形状と表示を逐次追って変化を記録したデータの分析からその生態にせまる。これに先立ち、国勢調査小地域統計（平成22年東京都版）から東京23区の人口動態をみてみよう。居住人口がある町丁目（総数3020）の61％が、昼間人口が夜間人口の1倍未満である地域、すなわち住宅地であり、その数は1倍をピークに漸減、5倍を境に最大400倍まで一桁台の一定水準となる。昼間人口が夜間人口の1−5倍である地域を住宅と商業・業務・工業が混じる地域（以下混在地とする）、5倍を超える地域を商業と業務、工業地（以下商業・業務地とする）と分類のうえで地図に表すと、商業・業務地は山手線内に集中するのに対し、混在地は各所にちらばっていた。平成22年までの5年ごと2期間で、44％にあたる町丁目で継続して人口が増加していたが、先の三分類別に数の割合をみると、混在地で高く、次いで住宅地で高かった（図011）。つまり夜間人口は住宅地よりも各所にちらばる混在地でより増えていた。

混在地

混在地として文京区H地域の一部をとりあげる。観察対象とした範囲では平成7－21年の間に22％にあたる敷地で、専用住宅、業務専用建物、住商複合建物への建て替え等の更新がみられた（図012）。住宅建物が住まいでなく事務所として利用されるなど建物のタイプと利用実態は近年曖昧化しているが、この地域でも住宅の一部が業務空間となる様子がみられた。建て替えパターンの研究［★1］によれば、混在地であるこの地域では、住宅建物が融通性あるタイプと考えられているようだ。住商複合への建て替えは従前も同じ用途であることが多いが、業務専用への建て替えはそうでないことが多かった。時期により更新が多いタイプは異なり、時分に応じた判断の下で建て替えされる建物のタイプが選択されていた。

住宅地

住宅地として目黒区Y地域をとりあげる。Y地域内で観察対象とした範囲では平成7－22年に25％の敷地で建て替えがあった。住宅の建て替えが主であるが、そのままの敷地での建て替えに加え、複数敷地の統合、敷地分割（接道面が分割された狭い間口の敷地への戸建て配置、敷地内に路地状の空き地を設けながらこれに面して敷地が分割された戸建て配置）等、敷地の変容がみられた。

筆者の研究［★2］によれば、敷地が大きな街区にある、前面道路の幅員が大きい、前の5年期に周辺で同様な建て替えが行われた等の要因により、同じ敷地及び複数の敷地の統合による建て替えがおこりやすくなる、すなわち既存の良好な住宅地を維持、発展させようとする力学が働く様子がうかがえた。

接道面が分割される建て替えは、元敷地の接道長さが長い、敷地規模が大きい等によっておこりやすかった。前5年期における近隣での建て替えのうち接道緑化がなされた（区条例では敷地200㎡以上で接道緑化が必要）件数が多いとおこりにくい、つまり、緑化義務がある広さのある敷地が分割されずに建

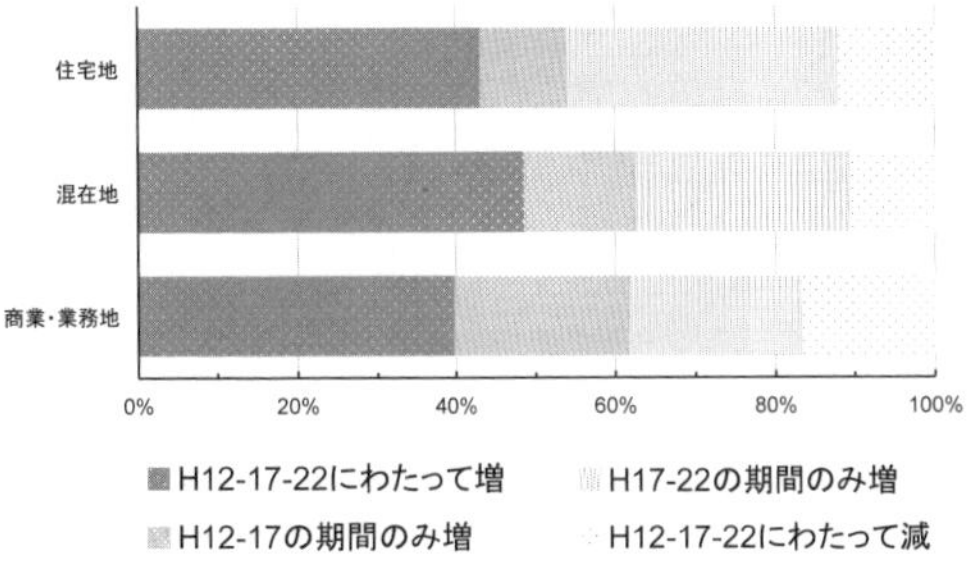

011　東京23区の分類（住宅地、混在地、商業・業務地）ごと、平成12−17年、平成17−22年夜間人口の増減傾向（町丁目の数の割合）（国勢調査より筆者作成）

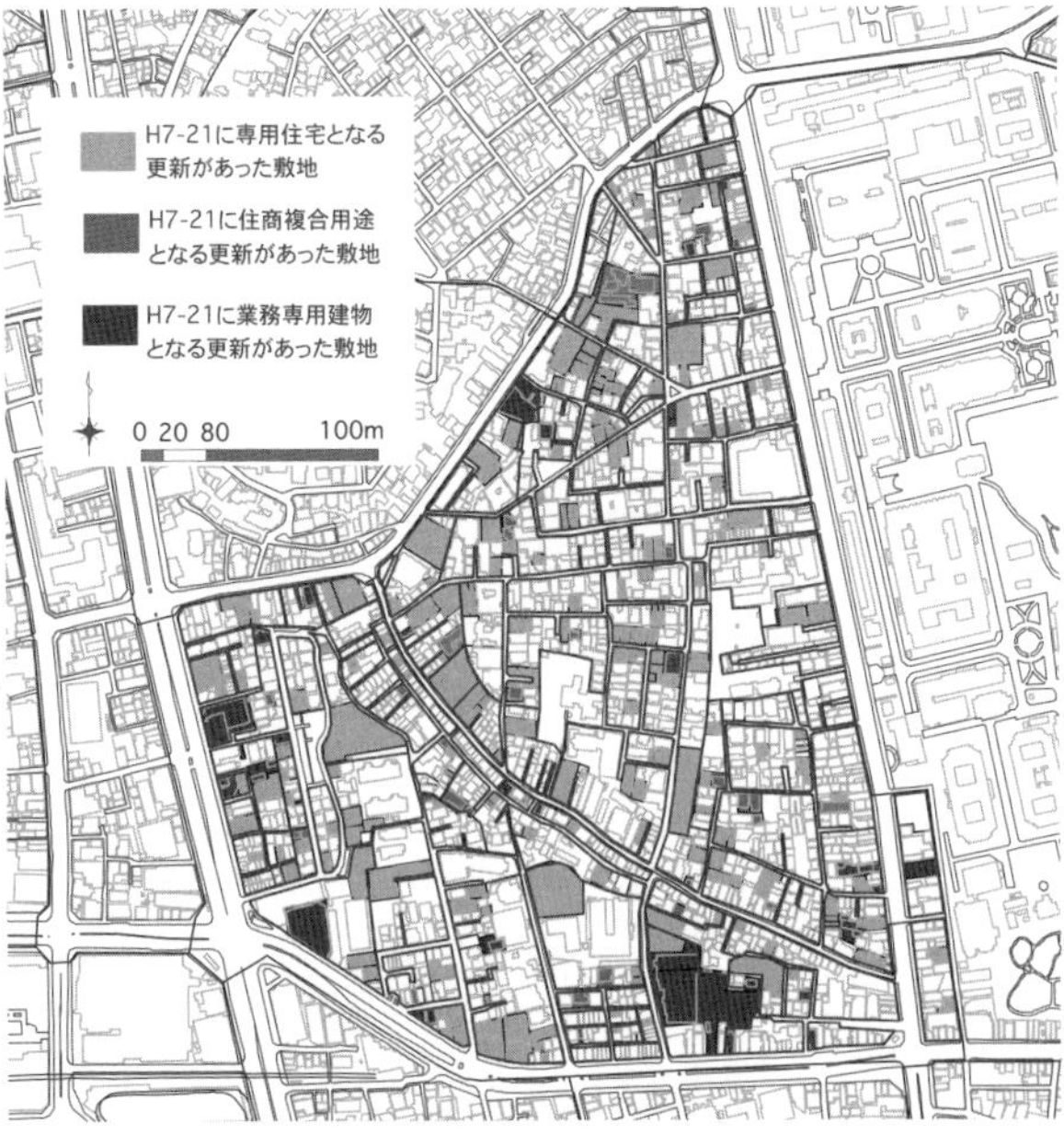

012　東京都文京区H地域にて観察対象とした範囲で平成7年から21年までに更新があった敷地のプロット（ゼンリン住宅地図より読み取った情報に基づき筆者作成）

て替えられた事象が、その後の周囲の更新で敷地が細分化されにくくなることに影響していた。

前者の例では建て替えが互いに影響しあい街並みが同程度に維持されること、後者では接道緑化を伴う建て替えが敷地の細分化を抑制する可能性が示されていた。周辺の雰囲気がくみ取られ、敷地や場所の利用価値がひきだされて既成市街地の更新が進むポジティブサイクルがみいだせる。

地域を発展させる内側からの視線

都心部では大規模な開発だけでなく、地域の特性に応じた様々な規模の建て替えによってじわじわと更新が進んでいる。土地と建物の利用価値をいかに高めていくか、地域で何が起き、何が求められ、何が提供できるかに視線が注がれ、地域をつくる人たちが互いに想像力をはたらかせ、より効果の高いハード（土地建物）とソフト（利用方法）へ変化させる行動がとられている。偏りない都市インフラへの投資が不可能である今後、地域の人々が限られた土地と建物に応じた利用価値をどのように捉え、これを発展させていくかという内側からの視線が不可欠であるだろう。

註

★1 國分昭子「東京都区部の既成市街地における住宅地と業務商業地の混在化とその更新過程に関する研究」『都市住宅学』87号、２０１４年、98－１０３頁。

★2 國分昭子「既成住宅市街地個別更新における敷地動態選択モデル推定とシミュレーションによる住宅地景観形成と相互作用に関する研究」『土木学会論文集Ｄ１（景観・デザイン）』69巻1号、２０１３年、29－41頁。

1—8

大型再開発地域から取り残された大都市都心業務地

藤井俊二

東京一極集中が問題視されている。東京に代表される巨大都市への経済や人の集中、その反動としての地方都市や田舎での人口減少とそれにともなう地域衰退の問題が言われている。国や自治体レベルでも地域創成や地方移住を推進しようとしている。確かにマクロに見ると東京一極集中の感はあるが、詳し

013 高層ビルと低層ビルが混在する東京都心
（東京都港区、2002年、筆者撮影）

014 都市再生特別地区で進む再開発
（東京都中央区、2016年、筆者撮影）

く見るとその東京都心の中身は一様ではない。東京都心では大規模ビルの開発が続いている。しかしその陰で既存の中小ビルの生き残りが課題となっている。ワンフロアの面積の狭さとともに、デザイン、天井高、耐震性、災害時の対応、省エネ性能、空調設備、共用施設、防犯設備などで見劣りがする。そのために空室率の増大や賃料の下落などが生じている。

大型オフィスビルや超高層マンションを東京一極集中の「図」とするなら、これらの中小ビルのストックは「地」ということができる。現状では苦戦しているこれらの「地」について、光を当ててその活用をはかることも、これからの都市経営のひとつの側面であろう。

再開発ラッシュと残された地域／中央区

東京都心では都市再生特区制度の活用などで再開発が続いており、高いグレードと広い床面積を持つビルの供給が行われている。大手町-丸の内地区、虎の門-六本木地区、銀座-日本橋地区、渋谷駅周辺など利便性の高いエリアでこの傾向が顕著である。2018年には新規のオフィスビル供給が、これまで最大の139万m²になると予想されている。

東京23区のオフィスストックは賃貸面積ベースで1195万坪、うち中小規模ビル（延床面積300-5000坪未満）が46%、大規模ビル（延床面積5000坪以上）が54%とほぼ半々である。一方棟数で見ると、東京23区全体の7803棟のうち中小規模が9割以上を占める。平均築年数は中小規模ビルが28.4年、大規模ビルが22.0年と、中小規模ビルはストックが高齢化している[★1]。

中央区におけるオフィスビルの賃料と空室率を5つのエリアに区切って見てみよう[★2]。賃料の最も高い銀座と最も低い東日本橋・新川について比較をしてみると（図015）、エリアごとの違いと、床面積による違いが顕著にあらわれている。最も高い銀座エリアの200坪以上の大型ビルが2万6000円／坪・月なのに対して、最も低い東日本橋・新川に立地する20－50坪の小型ビルでは1万0695円／坪・月であり、2・43倍の違いがある。同じ区内とはいえ、活性度の低いエリアに立地する小規模ビルの苦戦が読み取れる。

　空室率については中央区全体での傾向を見ると（図016）、床面積の小さいビルほど空室率は大きい。空室率の面でも小規模ビルの苦戦が顕著である。

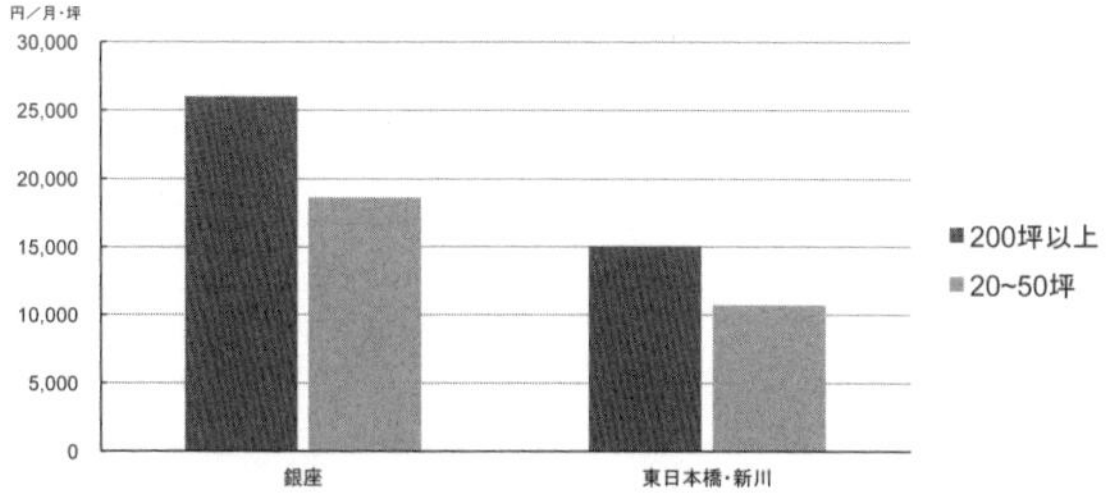

015　東京中央区内のエリアと床面積による賃料の違い（賃料：円／月・坪）（註★2のデータから筆者作成）

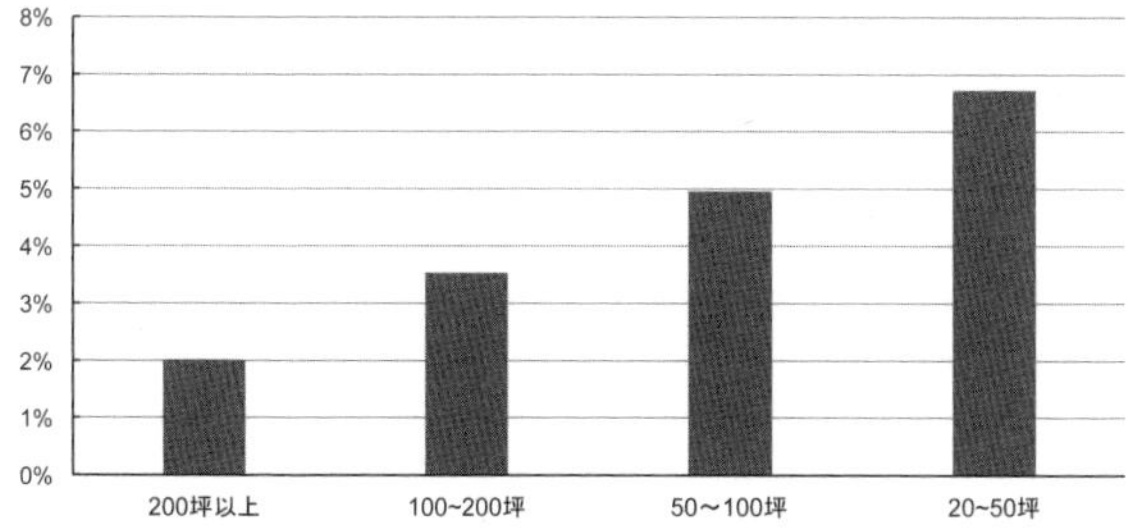

016　東京中央区における床面積による空室率の違い
（註★3のデータから筆者作成）

　1990年以降、オフィスビル機能は大きく改善が進んでいる。外観・ロビー・内装などのデザイン、天井高、執務空間の使いやすさ、耐震性、災害時対応、省エネ性能、空調設備、エントランスやトイレなど

017　東日本橋の裏通り沿いの小規模ビル
（東京都中央区、2002年、筆者撮影）

018　東日本橋の表通り沿いの中規模ビル
（東京都中央区、2002年、筆者撮影）

の共用設備、防犯設備などである。特に東日本大震災以降は、事業継続計画（ＢＣＰ）対応や高い省エネ性能はオフィス選択の基本条件となってきている。立地条件とともに、ビルの大さ、新しさが賃料や空室率の違いに反映されている。

都市のグレイン小規模ビルの現状と課題／東日本橋

それでは、中央区のなかでオフィスビルの賃料の面でもっとも苦戦している東日本橋地区の現状と課題を見てみよう。このエリアは、江戸時代には河岸、広小路、芝居小屋などがあって活気にみちていた。明暦の大火（１６５７年）後に街区内の道路の新設と、会所の宅地化が行われた。関東大震災（１９２３年）後の帝都復興事業で区画整理が行われ、戦後復興では耐火建築化が最も早く行われた地域である。現在でも繊維問屋を中心にした商業、工業、住居の複合用途となっており、高密度の都市生活を営むための商工住混合地帯の伝統をいまも継承している。

大都市の中心部にあることから、歩いて暮らせて、生活に必要なものは揃っているという、いわゆるコンパクトシティをすでに実現しているとも言える。その特徴は次のように要約できる。

・近代都市形成以降のプロセスがはっきりしている既成市街地
・狭小敷地に建つ中層オフィスビルが多数集積している
・商業、工業、住居の複合用途となっている

一方、課題として次のような点があげられる。

・業務地区としては問屋業の衰退という産業構造の変化に対応する構造変化が求められている
・高齢化による事業継承の問題、居住地区としては過疎化などの問題を含んでいる
・都市再生特別措置法による指定地域からはずれているため、自力による都市再生が必要である

この伝統的なエリアにおいて新しい動きも見られる。従来の問屋街がファッション系の大学と提携して、新しいビジネスを模索する動きがある。また、建築系大学とのコラボレーションによるまちづくり、コミュニティ活動の動きも始まっている[★3]。空き家、空きビルの再生活用として、カフェや特徴のある店舗の立地も始まっている。しかし、これらの個別的な活動が町全体の活性化に繋がるのかはいまのところ未知数である。

註
★1　オフィスピラミッド2016、ザイマックス<https://soken.xymax.co.jp/2016/01/29/1601-office_stock_pyramid_2016/>。
★2　三幸エステート　市況データ<http://www.sanko-e.co.jp/data>。
★3　横山町・馬喰町問屋街活性化委員会<http://www.tonyagai.jp/>。

1—9　三つの老いに直面するマンションと戸建て住宅地

齊藤広子

今、マンションで深刻なこと

マンション（区分所有の住宅）で今、深刻な問題に二つの老い、建物の老いと人の老いがある。国土交通省によると、マンションでは「60歳以上のみの世帯」は、平均で26％となっている。しかし、築年数の古いマンションでは人の高齢化は深刻である。昭和45年以前に供給されたマンションでは、「60歳以上のみの世帯」は52％、昭和45年－昭和55年で48％となっており、築35年程度で約半数が高齢者世帯となっている。さらに東京都に限定してみると、「世帯主の年齢が65歳以上」の世帯は平均で30％、昭和45年以前に供給されたマンションでは59％、昭和45年－昭和55年で52％となっており、築35年程度で半数以上が高齢者世帯となっている。

二つの老い＋第三の老い

人の老いの問題

マンション管理には三つの側面がある。共同生活を快適におくるための生活管理面では、人の高齢化により多様な問題が発生している。「単身の孤独死がある」「孤独死の発見が遅れた」などがあり、管理組合が「身寄りのない入居者の死亡後の処理に責任をもたされる」ことをはじめ、「転倒事故や転落事故がある」「急病人が増える」「救急車の出動が増える」「水道止め忘れの漏水事故がある」「ガス止め忘れの火事・爆発事故がある」などの事故があり、その対応が求められる。また、共同生活への支障も生まれ、「認知症者の共用部分の徘徊や個別訪問がある」「ゴミだしが困難な人がいる」「介護関係者の出入りが多くなる。車両も多くなる」「居住者の管理員への話が長くなり、仕事に支障がでる」などがある。

建物の老いの問題

建物や施設のメンテナンスの維持管理面では、築年数の経ったマンションでは建物の老朽化と陳腐化が進んでいる。建物の老いである。築30年以上となると、雨漏り、水漏れ、排水管のつまりをはじめとした劣化、それにエレベーターがない、オートロックではない、宅配ボックスがないなど、現在の生活に合わない陳腐化が進んでくる。

それにあわせて、人の老いから高齢者が増えることに対しての共用部分のバリアフリー化が課題となる。さらには、建て替えも大規模改修も必要ないと考える人が増え、一人暮らしの高齢者が共用部分工事時の専有部分への立ち入りを拒否するなどもあり、維持管理面でも、問題が生じている。

本当の問題は三つめの老い「組織の老い」

マンションの老いで、本当の問題は、組織が老いることである。マンションの住環境をマネジメントする管理組合の運営管理面では、第一に「理事会の理事のなり手が不足する」ことがある。マンション総合調査（平成25年度）でも、管理組合の役員を引き受けない最も多い理由が、「高齢のため」である。そのため、管理会社への業務を増やす、あるいは区分所有者以外を理事にすることも検討されるが、管理費の値上げにつながり、解決策を見つけることが難しい。さらに、居住者の収入低下に伴い、管理費の滞納が増える。車を手放す人も増え、駐車場に空きが出て、駐車場収入が低下するなど、居住者の高齢化に伴い、業務委託量や手間や費用がかかる一方で、管理組合の収入が低下する。また、総会への参加率や委任状などの提出率の低下など、実質的にも形式的にも管理組合総会への参加率が下がる。さらに認知症の人への意思確認が求められ、管理の方針を決める総会では若い世代との高齢者世代の意見が合わない等による合意形成の問題が生じている。また、入院・施設入所等による一時不在者が増えることからの不在所有者の増加、相続放棄があり、所有者が確定しないなどの問題もある。

戸建て住宅地では何が起こっているのか？

戸建て住宅地でも老いの問題は深刻である。特に、戸建て住宅ではマンションよりも居住者は永住意識が高いために、築年数が経てばどんどんと高齢化が進む。さらに、豊かな住環境のために大きな敷地を求めるが、そこに住んでいた高齢世代が転居した後に若い世代が住むには高額すぎる。敷地分割したくても、高度経済成長時代に〝美〟とされた建築協定や地区計画が邪魔をする。コンビニさえもつくることを阻んだ用途の制限によって、高齢者には買物にも歩いていけない、暮らせないまちになっている。

こうした状態のなか、使われないで放置されたままの空き地や空き家が増え、治安が悪くなる。商店やバスなどの身近なサービスがますます減り、まさに住んでいられない負のスパイラルが始まっている。自治会でなんとかしようとしても、任意組織で加入率も低い。また、自治会では個人の土地や住宅といった財産に手を出せない状態である。

人・建物、地域を支える組織の老いにどう対処すればよいのか？

共助の重要性が指摘されている。しかし、居住者相互扶助の努力にも限界がある。助けられたい人が多すぎる。

根本的には、つくる・売ることに重点を置いてきた、日本の政策の限界である。まちはつくり続けるものである。しかし、そのツールが存在していない。まちは変化を求められる。住む人が変わる。社会の状況が変わる。その変化に対応して、まちを変えていかねばならない。人が、年齢や体形の変化、用途に応じて服を着替えるように、まちも時とともに変えていかねばならない。しかし、その主体が存在していない。まちをつくった開発事業者は、「手離れよく」を合言葉にどこかに行ってしまっている。行政は、社会基盤の整ったまちに何も手出しをできないと、黙ってみている。自治会のメンバーも高齢化し、とてもとてもこれ以上サポートはできない。

一方で小さな芽が見えている。戸建て住宅地でも自治会自らが空き地や空き家を見つけ出し、所有者の確認、連絡先の把握、空き地や空き家管理のお願いや斡旋、空き家を活用した地域の拠点づくり、子育て支援や高齢者用のサービスの提供、若い世代や二世代が住めるように建築協定の見直し、コミュニティカフェの運営など、住民のパワーがみられる。廊下や階段、エレベーター、駐車場といったみんな

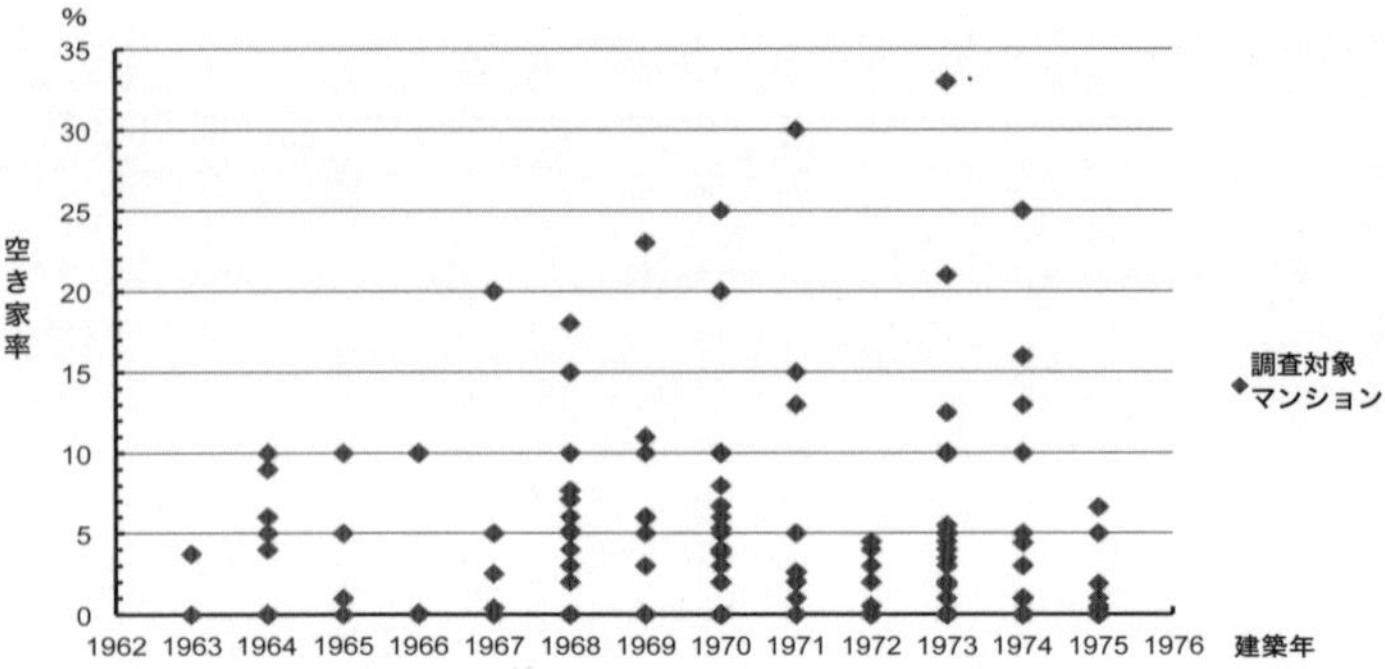

019　建築年別空き家率、横浜市（横浜市の調査をもとに筆者作成）

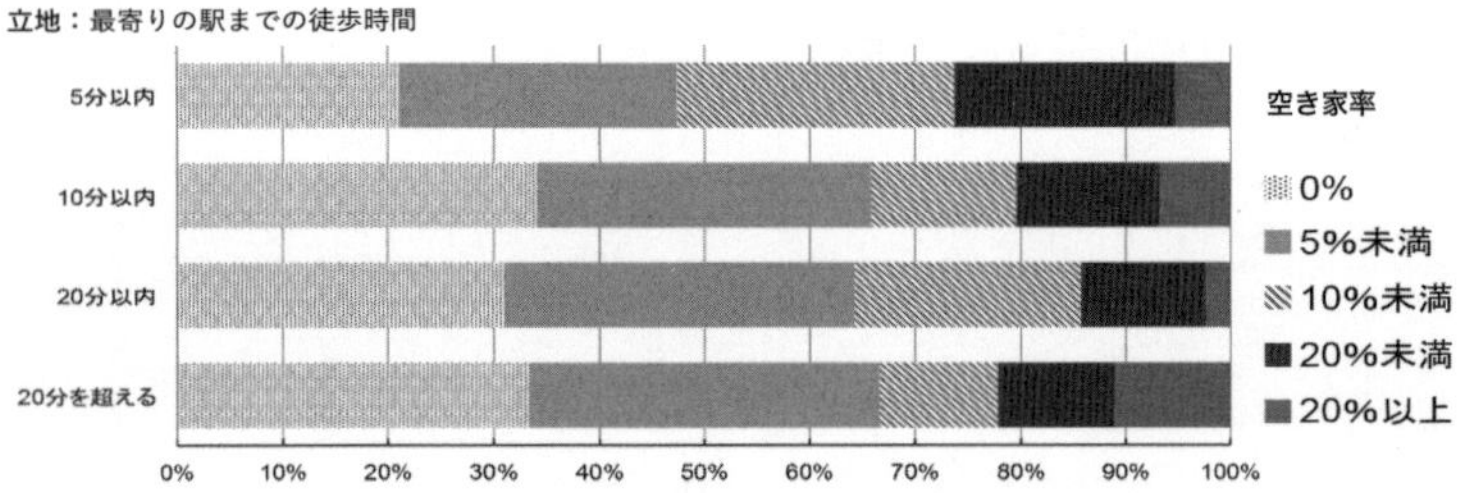

020　築40年以上マンションの立地と空き家率、横浜市（横浜市の調査をもとに筆者作成）

で使う自分たちの財産を自分たちで守らないといけないマンションではさらに興味深い現象が起きている。当然、人口・世帯減少時代で、立地の良くない古いマンションでは、住宅の流通可能性が低下し、空き家が深刻になり、組織の運営がいかんともしがたい第三の老いがあると考えられるが、かならずしもそうとはなっていない。

確かに、マンションの空き家はじわじわと進行している。マンション総合調査（国土交通省、平成25年）によると、古いマンションほど空き家率が上がっていることが報告されている。また、国土交通省の住宅・土地統計調査再集計によると、古いマンションほど空き家率が進行し、1970年以前建設のマンションでは平均で11・1%、つまり10件に1件以上が空き家となっている。

しかし、空き家は全国均一に進んでいるわけではなく、さらに築年数が古いからといって均一に進んでいるわけでもない。そこで、横浜市の築40年以上のマンション（206マンション回答）をみていると、空き家率は平均4・97%で、多いのは5%未満である。しかし一方では、空き家率が20%を超えるマンションも約6%存在し、10%以上の場合は、約2割となっている。つまり、大きな差が生まれている。空き家は築40年を超すと、築年数が古いほど空き家率が高くなるわけではない（図019）。低いところから高いところまで大きな開きがある。空き家率が高いのは、かならずしも駅から遠いわけではない（図020）。このことは空き家率は動かせない立地だけに依存しているわけではなく、管理組合の取組状況、管理の仕方により空き家率を変えることが可能ということになる。

楽天的な将来像も、地獄絵のような将来像も、そのエリアに責任を持つ人間のやる気と、やる気がプラスに働くシステムがあるかないかによる。マンションではエリアにマネジメントの主体が存在し、必要な費用を自分たちで負担し、マネジメントのルールを持ち、自分たちでまちの方針を決めるためのシステムが設定されている。それをうまく使いこなし、若い世代が魅力に感じるイベントや施設の運営、若い世代を組織運営に引き込むルールの設定、必要なサービスの提供などが行われ、空き家率も下がっている。こうしたエリアの価値を自ら上げていくシステムの設定が必要ということではないだろうか。

1―10 建設費用と二酸化炭素排出量からみたコンパクト化の効果

和田夏子

コンパクトシティの効果を評価するわけ

人口減少や少子高齢化により空き家が増え、また、自治体の税収が減るため都市のインフラを維持するのが難しくなるという危機に直面している。また、CO_2排出量を減らす低炭素社会を目指して都市を変えていかなければならない状況にある。様々な自治体で、コンパクトシティ政策を実施しているが、都市全体を縮小するものではなく、主要施設を中心部に移転する政策が多い。そこで、都市をコンパクトにすることが、CO_2排出量と都市の維持管理コストにどれだけ効果があるのかを検証する。コンパクト化するために工事が発生することから、コンパクト化した後だけでなく、都市をコンパクトに再編している期間とその後の運用期間の累計のCO_2排出量と工事コストで評価を行う。

コンパクト化の度合いの違う三つのシナリオを想定

コンパクトシティを評価するために、都市圏としてまとまりのある新潟県長岡市の合併前の旧長岡地域をモデルにしてシナリオを作成し、ケーススタディを行う。2010年の国勢調査のデータをもとに、

2050年の人口を予測し、2010年から2050年までの40年間かけてコンパクト化させる想定で、①最もコンパクトにした「単心シナリオ」、②現況の都市の骨格を生かして市街地を約半分にコンパクト化した「多心シナリオ」、③現状のままコンパクト化せず、スプロールを続けた場合の「市場シナリオ」の三つのシナリオを作成した。

①「**単心シナリオ**」**概要**：長岡駅と、川を挟んだ反対側の商業集積地区に、すべての建物を集約すると想定し、市街地面積が現況の5分の1、すべての建物を8階建てとするシナリオである。

②「**多心シナリオ**」**概要**：現時点でポテンシャルの高い複数の中心を結んだエリアに市街地を集約するシナリオである。人口密度の高い中心、業務密度が高い中心、歴史や風情のある住宅地とこれらをつなぐ幹線道路沿いのエリアに市街地を集約する想定をした。幹線道路沿いは現況の2・3倍に密度を上げるがそれ以外は、現況と同じ密度を想定した。

③「**市場シナリオ**」**概要**：このままコンパクト化政策を取らず、現況の延長を仮定したシナリオである。市街地が、2010年までと同様の割合で拡大すると仮定し、2050年に市街地面積が9・3%増加し、38・5%が空き家または空き地となると想定した。

都市の形態に関わるすべてのCO_2排出量と工事費で、三つのシナリオを評価する

それぞれのシナリオにおいて、2010年から2050年の再編期間と、その後の都市運営のCO_2排出量と建設コストを算出して比較する。CO_2排出量と工事費については、2004年から2008年に長岡市で行われた造林、圃場整備、道路新設、道路維持管理、消雪施設工事、公園新設・維持管理

工事、上下水道工事、ガス工事、電気工事の、工事面積と工事費を集計して、単位面積あたりの工事に関わる工事費とCO_2排出量の原単位を作成し、それぞれのシナリオの面積×原単位で、CO_2排出量と工事費を計算した。また、運営に関わるCO_2排出量では、都市形態によって変わる交通と冷暖房によるCO_2排出量も含めて比較を行った。

再編成時のCO_2排出量は多い順に、単心シナリオ>多心シナリオ>市場シナリオである。また、運

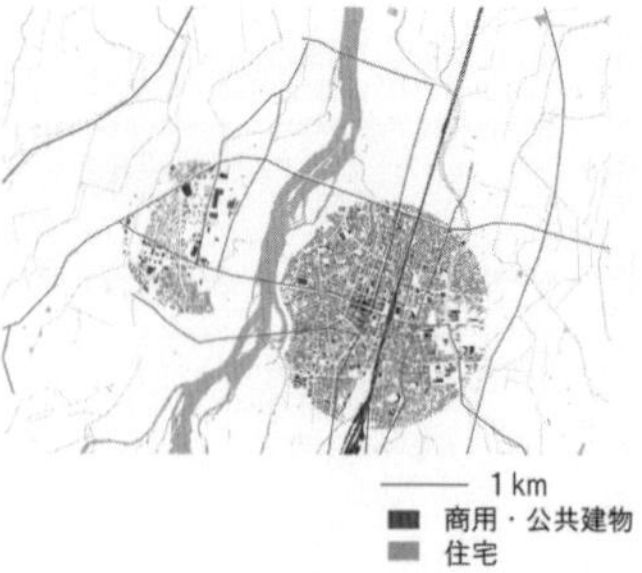

021　単心シナリオ

022　多心シナリオ

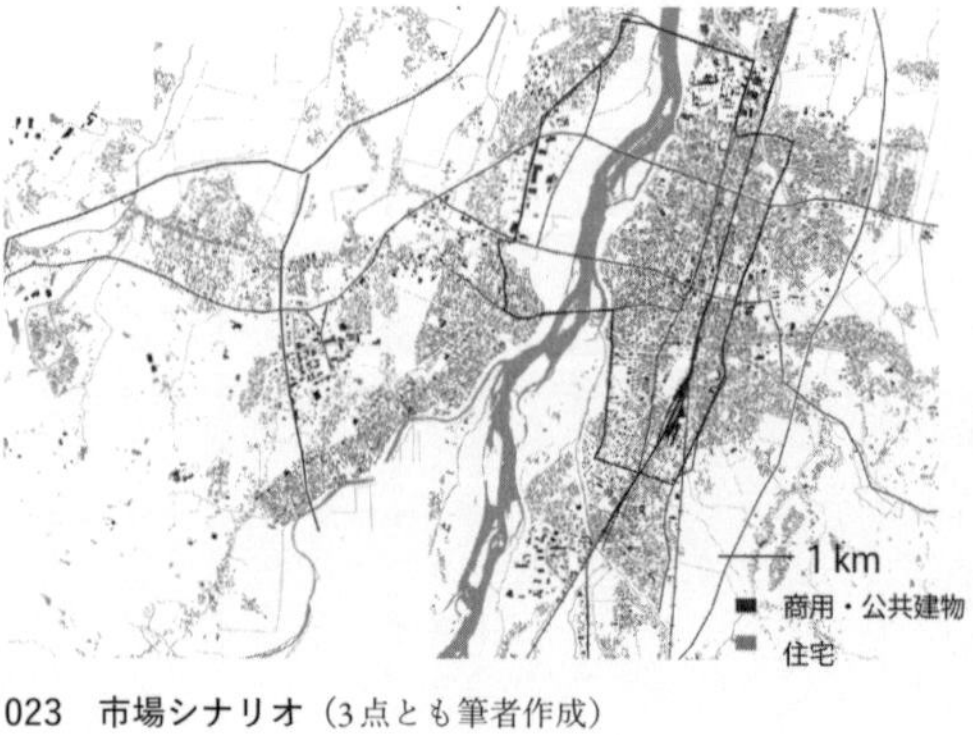

023　市場シナリオ（3点とも筆者作成）

用時のCO_2排出量は、市場シナリオ＞多心シナリオ＞単心シナリオとなった。多心シナリオであっても、市場シナリオより20％程度削減されている。

単心シナリオは、確かに運用時のCO_2排出量は市場シナリオの3分の2になるが、再編過程で多くのCO_2を発生させてしまう。これに対して、多心シナリオは、現状の都市施設を残す市場シナリオよりも運用時のCO_2を約24％減らすが、再編成過程でのCO_2排出量は、1・13倍程度の増加に留まる。そこで、再編過程とその後の運用時の累計で比較する。累計のCO_2排出量が最少になるのは、単心シナリオは再編後37年目であるのに対し、多心シナリオは14年目である。単心シナリオは再編成開始から数えると80年近くの時間を経ないと優位にならないため、多心シナリオのほうが現実的である。

また、建設コストの比較でも、再編時、運用時の順番はCO_2排出量と同様になったが、累計で単心シナリオが最小になるのが再編後22年、多心シナリオが20年後とあまり差がなかった。

単心シナリオのように市街地面積を5分の1にすることの行政的困難さも考えると、中間的な多心シナリオによるコンパクトシティのほうが、今後目指すべきシナリオとしては妥当であろう。

コンパクト化を実現するための課題

多心シナリオであれば、再編後20年程度経てば、再編に係るCO_2排出量や工事費を加味してもCO_2排出量削減と都市経営にかかるコスト削減に効果があることはわかった。しかし、これは市街地が縮退したエリアにはもう人が住んでいない想定である。40年の期間を設けることで、結婚や代替わりなど引っ越しが必然の時期の移転を想定しているが、実際には、引っ越しには費用がかかるため、すべての人がその費用を負担できるか疑問が残る。また、コンパクト化して市街地として残る土地の所有者と、非市街地化する土地の所有者の間には不公平が生じ、住民の納得が得られるかも課題が残る。多心シナリオであっても、実際に都市全体をコンパクト化するのはたいへん難しい。

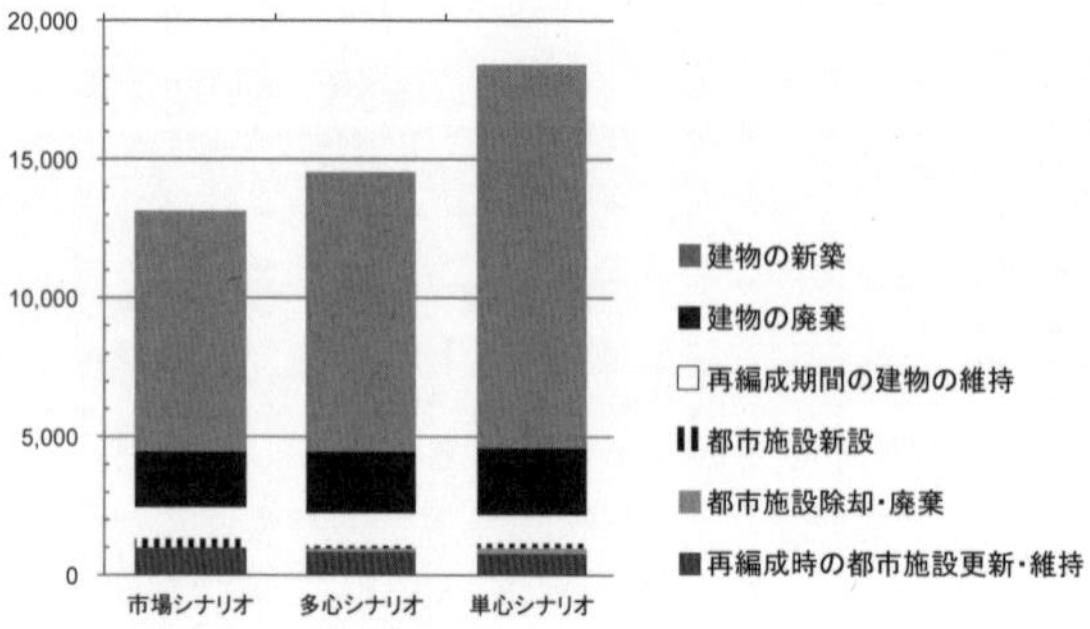

024　都市再編時の CO_2 排出量比較（2010－2050年）（筆者試算）

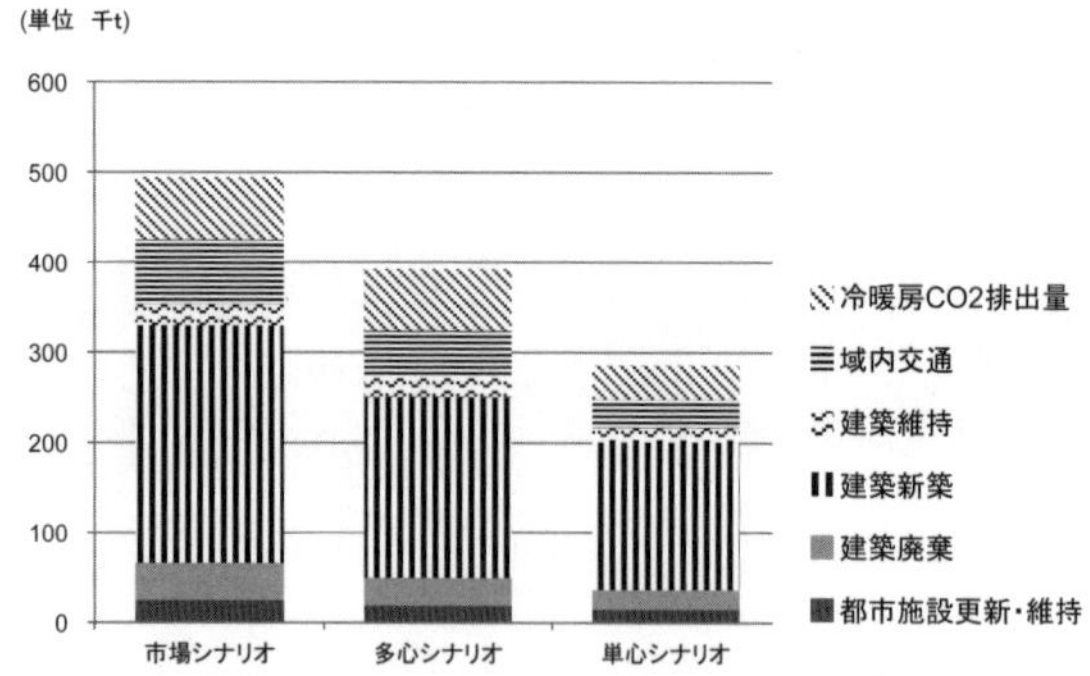

025　運用時1年あたりの CO_2 排出量比較（2050年－）（筆者作成）

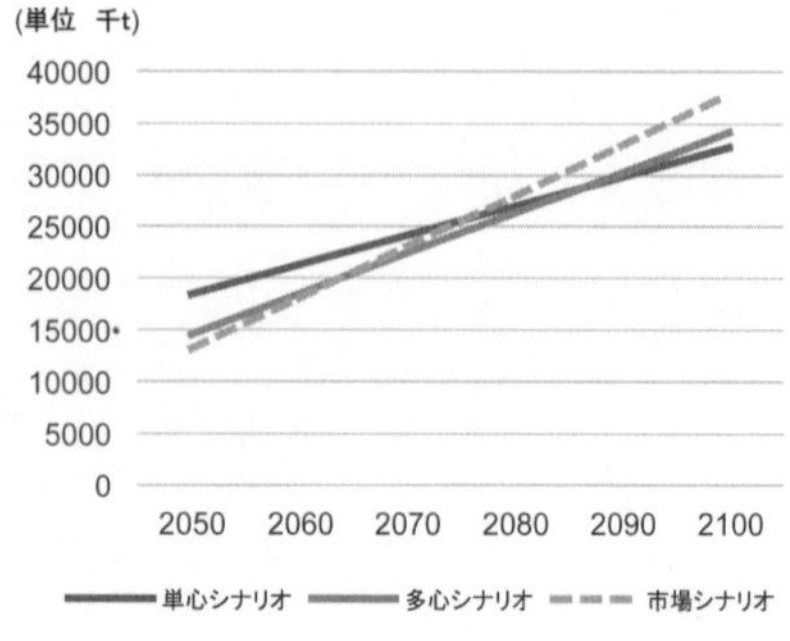

026　都市再編成時と運用時の累計の CO_2 排出量（筆者作成）

1—11 土地の証券化を使ったコンパクトシティの実現シミュレーション

松宮綾子

コンパクト化——きっちり実行しないと効果半減

都市コンパクト化の最大の目的は、行政のインフラコスト、遡っては、財政支出の削減である。しかし、コンパクト化がきっちり実行されなければ、期待された効果は得られない。

住宅がびっしり建っている地域で（図027A）、住宅を一定範囲（以下「市街化エリア」）に集約する場合、Bのように一軒残らず市街化エリアに集められれば、下水道管の長さはAの3分の1で済み、うすグレーで示した下水道更新・維持費用が大幅に削減できる。しかしCのように中途半端なコンパクト化では、削減効果は半減してしまう。

ではどのようにすれば完全なコンパクトシティ化ができるのか。具体的に比較検討し、モデル的に実現可能な施策を探ってみる。

シミュレーション対象地域——大都市郊外・さいたま市

都心から30㎞弱の首都圏郊外・さいたま市、山手線池袋駅から30分強のＪＲ埼京線与野本町駅から

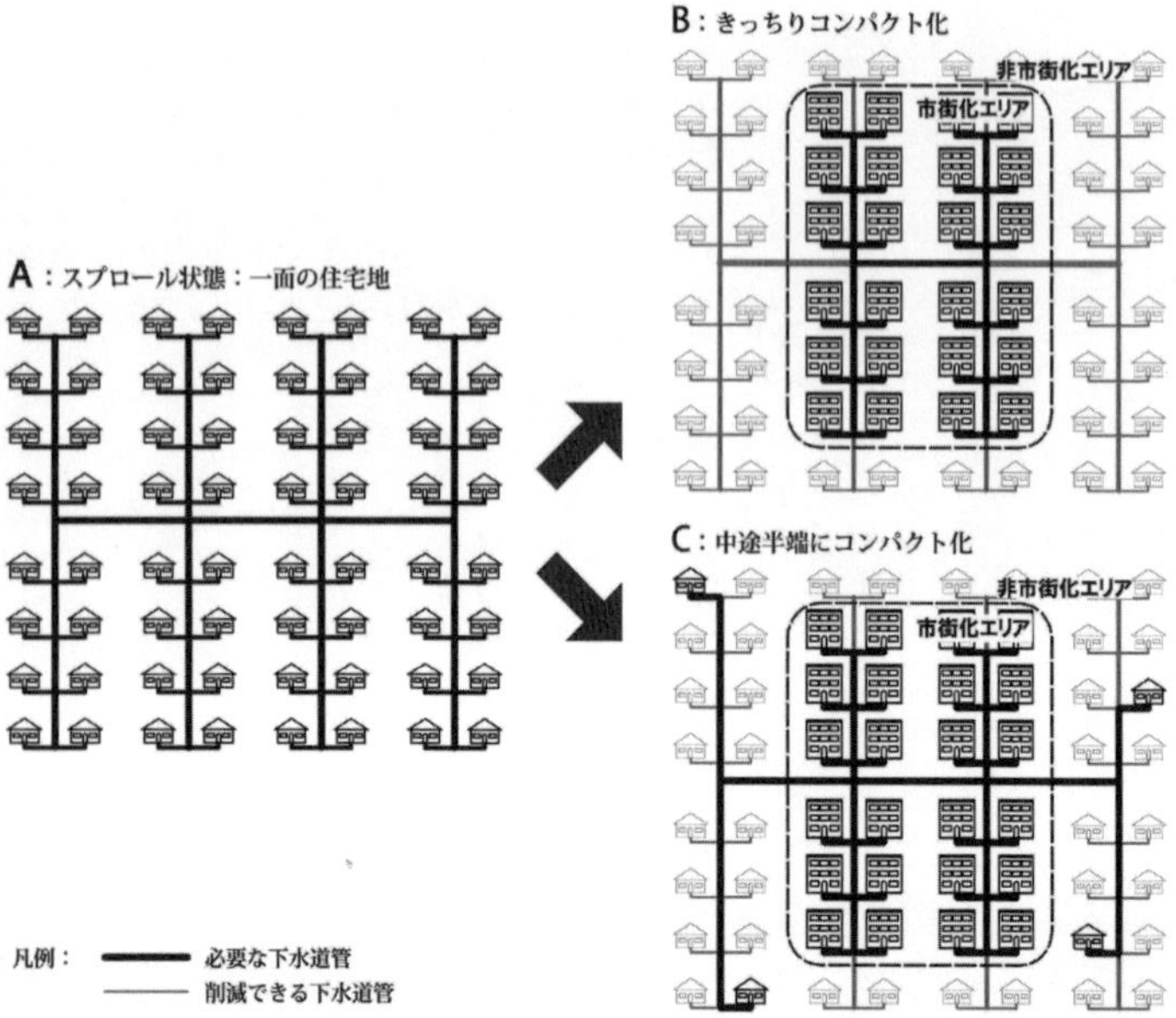

027　コンパクト化モデル図（筆者作成）

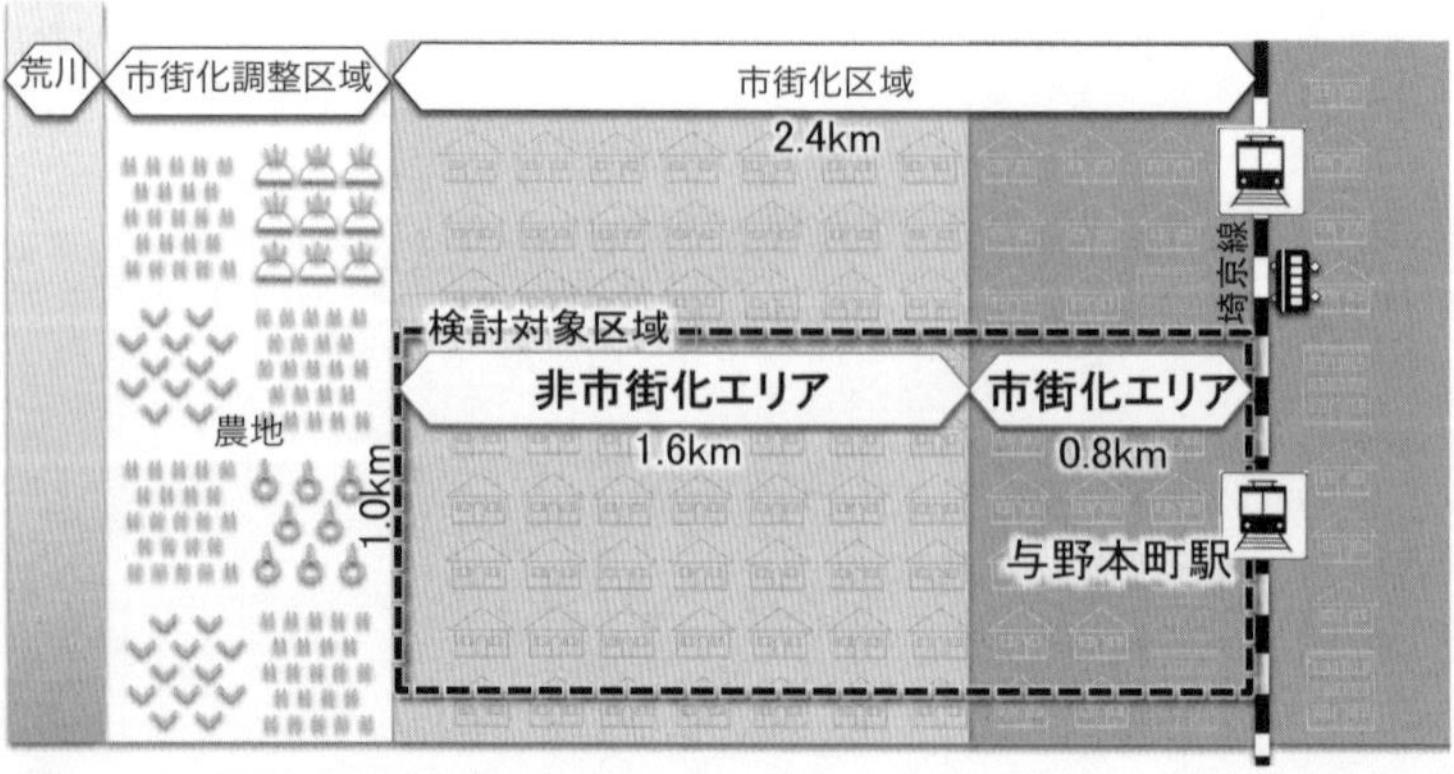

028　ケース対象地域の設定（筆者作成）

線路西側2・4㎞×南北1㎞の短冊状の住宅地を対象に検討する。

線路西側2・4㎞とは、建物密度や駅からの距離と比例する地価動向等を正確に試算できる、駅から市街化調整区域境界までの市街化区域すべてを包含した距離である。

2050年を目安としてエリア全体の住民を駅から徒歩圏800m以内の「市街化エリア」に集約してコンパクト化することを考える。駅から800m以遠を「非市街化エリア」に区分する（図028）。

コンパクト化の将来像

対象地域の住民は2010年時点で2万6000人（市街化エリア7000人、非市街化1万3600人）、ほとんどが2階建てまでの戸建て住宅である。2050年には15％減の1万7600人全員が「市街化エリア」0・8haに居住すると仮定すれば、人口密度は2万2000人／㎢で東京高円寺の中低層住宅地程度、1人当たりの床面積を40㎡／人と仮定すると容積率平均約170％、3－4階建の住宅地になる。

さいたま市におけるケーススタディ

コンパクト化推進には両輪として、

①**規制**：現状の人口増加を前提として居住区域のスプロールを容認している都市計画規制から、コンパクト化を前提とした規制への変更

②**インセンティブ**：規制変更で示された都市計画を実現するため、住民移転を促進するインセンティブ創出

が必要である。具体的施策実行のシミュレーションを以下に示す。

①規制

シミュレーション1：行政サービス停止によるコンパクト化／行政が非市街化エリアにおける各種インフラ維持管理更新を停止する。

評価1：住民の行政サービスを受ける権利が侵害されるため、規制変更自体が難しい。地方自治法第10条第2項に「住民は、法律の定めるところにより、その属する普通地方公共団体の役務の提供をひとしく受ける権利を有し、その負担を分任する義務を負う」とあり、かつて限界を超える宅地開発を抑制するために行政サービス停止を含む指導要綱を制定しようとした自治体が、結局敗訴して取り止めたこともある。開発前の土地に対してさえ無理だったことを、サービス利用中の住民が居る非市街化エリアで行うのはハードルが高く、規制変更自体が難しい。

評価2：インフラコストは計画どおり削減できるが、取り残される住民救済のためのコストが発生する。インフラ供給が停止される非市街化エリアでは地価が下落する（図029）。エリア間で不公平が生じると共に、非市街化エリアの土地は安くなっても買い手がつかなくなり、土地しか資産が無かった住民は、インフラを自力で用意することも、移転することもできなくなる。対象地域のインフラコストは削減できても、これらの住民を救済するためのコストが発生する。

シミュレーション2：都市計画的規制（容積率など）の変更によるコンパクト化／コンパクト化の将来

像に合わせて、非市街化エリアは農地並みに規制を強化する。

評価：コンパクト化は進むが、完全な、インフラコストの計画どおりの削減は実現できない。規制が強化され、住宅の建設ができない、または同じ土地面積でも非常に小さな床面積しか建設できないとなると、この施策でも地価は下がり、エリア間の不公平が生まれる。建て替えを考える住民は市街化エリアに移転するためコンパクト化は進むが、建て替えできない住民は非市街化エリアに残り続けるため、完全なコンパクト化は実現できない。

②インセンティブ

シミュレーション3：非市街地エリア地権者への補償費給付／侵害される権利を補塡。

評価：住民の反発は和らぐが、補償費が膨大で財政支出削減という目的とは正反対の結果となる。コンパクト化開始前17万円／㎡だった非市街化エリアの平均地価は、図029のように、隣接する農地の現行地価7万円／㎡相当まで下落すると考えられる。地価下落分を補償すれば、住民の反発は和らぐが、全員に補償すると総額1000億円。さいたま市の一般会計決算額が5000億円超、市全体人口約130万人の50分の1未満しか居住していないこの地域に、この補償額を投じることを納税者が了承するとは思えない。

	平均地価 コンパクト化開始 前	平均地価 コンパクト化開始 後	宅地面積
市街化エリア	29 万円/㎡	43 万円/㎡	70ha
非市街化エリア	17 万円/㎡	7 万円/㎡	100ha
全域	22 万円/㎡	22 万円/㎡	170ha

029　コンパクト化開始前後の地価動向（筆者作成）

完全なコンパクト化を目指して――土地証券化（コンパクト化直前での利用権と所有権の分離）

以上検討した三つの施策は、それぞれに課題がある。

非市街化エリアでは、規制変更の2施策とも地価が下がり、加えてシミュレーション1ではインフラ利用が不可能になり、エリア間の不公平が生まれる。補償費付与は、この不公平を解消するためのインセンティブ施策と言えるが、額があまりに大きく、現実的ではない。

このことから、目的達成のためには以下2条件を満たす必要があると考えられる。

①都市としての利益を最大化する仕組み。
②エリア間の不公平を発生させない、またはコンパクト化で得られた利益内で不公平を補填する仕組み。

その2条件を満たす施策として、地域内すべての土地を証券化するシナリオを検討する。

①町づくり会社を設立する。土地は地域全体の共同運営とし、町づくり会社がこの運営を行う。
②すべての地権者が、コンパクト化開始前の現在価格で町づくり会社に土地を信託し、土地の評価額に応じた土地利用債権を証券として受け取る。土地を信託した時点で各々の地権者が行使できる利用権、全地権者間の相対比は固定される。
③非市街化エリアの地権者は、一定期間は同じ場所に住み続けたり商売をするなど利用権を行使できる

が、建物更新時等には市街化エリア内で利用権を行使しなければならない。建て替え時期に合わせた移転なので、建て替え等移転費用は地権者の自己負担とする。

④市街化エリアの地権者が、引き続き同じ場所で建て替えを行うに際して、コンパクト化によって上昇した地価が保有する証券価格を超えれば、その差額をまちづくり会社に地代として支払わなければならない。地代を稼ぐため地権者は、従前より高容積の建て替えを行い、余剰床を貸し出す。これが非市街化エリア地権者の受け皿となる。

土地の証券化は、

①土地の所有権と利用権の分離が実現し、流動性が高まることで、市街化エリアへの移転が促進でき、また、地域の利益最大化の施策も実施しやすくなる

②コンパクト化開始前の現在価格で土地が証券化されるので、地価が下がっても、地権者はその影響を受けず、エリア間の不公平が発生せず、補償費が不要

であり、前掲3施策の課題を克服できる施策である。膨大な事務手続きという実現のための大きな壁はあるが、しかし、これ以上モデルとして実現可能性の高い施策がこれまで提示されてこなかったのも事実である。それだけ既成市街地のコンパクト化は難しいということでもある。

第一二章　討論

日本版コンパクトシティの可能性と限界——コンパクトシティからCMAへ

大野秀敏　本書では、人口減少に対応するために、政府が進めるコンパクトシティ政策の対抗案として住民による地区の管理を提言しています。この問題をめぐる様々な問題を議論していただき、読者の方々と一緒に都市の未来を考える上での見取り図を示せればと思います。そこで、本書の執筆者のなかから広い範囲の専門分野の方々にお集まりいただきました。

議論はおおまかに三つのサブテーマに従って進めたいと思います。最初が「20世紀の都市の負の遺産」、二番目が「縮小都市問題はコンパクト化しないと解決できないのか」、三番目が「都市は誰のものか」というテーマです。

20世紀の都市の負の遺産

大野　近代都市批判というのは1960年代から盛んになってきたと思いますが、コンパクトシティという考え方も近代都市に対する批判として欧米で議論されるようになりました。批判の中心は、自動車の過依存やゾーニングなどですが、その中心は「住宅地郊外」の否定ということになるのではないかと思います。姥浦さん、都市計画の分野では、どのような流れになるのでしょうか。

姥浦道生　世界的に見るとコンパクトシティでは、単に郊外だけが批判の対象になっているわけではなく、中心部の再生も大きな課題として認識されています。

日本の場合は、これが人口減少や自治体財政の悪化などの問題とリンクして、都市の構造自体を変える動きにまで大きく結びついているところが特徴的だと思います。つまり、これまでの「拡大する都市の計画」では問題にならなかったような、使われなくなった土地や管理されない土地が発生するという問題への対処法としてのコンパクトシティという考え方です。

大野　近代都市計画批判が、専門領域の問題として捉えられたことは「まちづくり」という用語に端的に表れたと思いますが、饗庭さん、そんな理解でよろしいでしょうか。

饗庭伸　「まちづくり」というのは地域に近い顔の見える範囲の小さな単位で協議体をつくり、詳細な計画をつくり、きめ細かな事業をしようとするものです。単位の小ささ、詳細さ、きめ細かさが特徴で、それまで近代都市計画で大雑把につくられてきた都市空間を詳細につくりこむことで近代を批判しました。しかし、まちづくりも成長社会のなかで空間をどうコントロールするかという動機をもっていたことは同じですので、姥浦さんが提起した問題、人口減少社会に入って需要がなくなっているときにどうするか、という問題に先行的に向き合ってきたわけではありません。まちづくりで積み上げてきた「単位の小ささ、詳細さ、きめ細かさ」といった方法を用いて、この問題をどう解くかが問われていると思います。

ダメな郊外、よい郊外

大野　都市計画のお二人の専門家に口火を切っていただきましたが、この問題を、いわば国民的レベルでの議論に引き上げたといえば三浦さんが2004年に出された『ファスト風土化する日本――郊外化とその病理』だと思います。私もこの本を読んで、なるほどと思ったのですが、しばらくしたら今度は吉祥寺だとおっしゃる。三浦さんのなかではどうも〝ダメな郊外〟と〝いい郊外〟があるようですね。

三浦展　基本的には郊外は今だいたいダメなんです（笑）。今は吉祥寺も少し怪しいのですが、それでは理想が高すぎるので、一応吉祥寺はうまくいっている郊外であるとして話を進めます。吉祥寺の人気は、私の実感としては2012年がピークで、SUMOの調査でも12年が断トツで一位だった。しかしその後、郊外的な店が増えて人気が落ちたのです。『ファスト風土化する日本』で提起した「ファスト風土」というのは、住宅地しかつくられなかった郊外に必要な生活財を供給するために、非常に効率的に大規模で画一的な商業施設をつくっていったことによって生まれた全国一律の大量生産的な環境だと思うんです。それに対して、もっと住宅や業務地や商業や文化やいろんなものが混じり合ったまちのほうが面白いのじゃないかということを表現したのが『吉祥寺スタイル』です。吉祥寺は自然も都会もある。商業も業務も住宅も混ざっている。貧乏な人もそれなりに住めるし、お金持ちはもちろん住めますよという街です。ですので吉祥寺を一つのモデルとして、いかに吉祥寺のエッセンスをあなたのまちにも取り入れていくか、というような提案は一つあるだろう、他の街の人にわかりやすいだろうと思っています。

単なる住宅地じゃなくなるということは、そこで働くとか、あるいは小さな古い建物がたくさんあってそこで自分の店や会社を始められるチャンスが多いということです。つまり、雇用、職の機能をたくさんもっと街だと思うんです。だから、〝住みたいまち〟と呼ばれるのは、そこに自分が働きたいお店や会社があるという要素も実は入っている。郊外だとスーパーのレジぐらいしかないが、吉祥寺だとお

030　全国一律のロードサイド風景
（柏市、2018年、撮影：大野）

しゃれなお花屋さんとか雑貨屋さんとかレストランでも働けるし、もちろん銀行の業務とかもあるし、かたい業務からしゃれた今風の仕事まで、吉祥寺ならあるわけですよね。そういうことを含めて〝住みたい〟なと思われるんだと思います。

中川雅之　何で郊外が切り捨てられるのか。そういう話だと、経済学ではものすごく単純なモデルで、都心（CBD）[★1]だけで付加価値を生産したんですね。要するに集積の経済を活かして都心、CBDというところだけで付加価値を生産していて、そこに通う人たちがまわりに集まっているのが都市だと。そうだとすると、要するに人口が減少したりとか、付加価値をつくるパワーがなくなったりすると、遠い郊外から都心に通う意味がなくなってしまうんですね。で、郊外からどんどん衰退していく。というのがものすごく単純なモデルなんですね。

姥浦　ただ地方都市の実態はそうなっていなくて、中心部が一番衰退しているんですよね。人口10万人以下の都市をイメージしていただければいいかと思います。むしろ元気なのは郊外で、そこには若い人も住んでいて、店が撤退してもまた新しいのが入ってくるわけです。なので、外から順番に消していくという、単純な意味でのコンパクトシティというのが成立しないわけです。

齊藤広子　私が郊外住宅地の代表でもあるレッチワース[★2]

031　衰退する中心市街地
（出雲市、2008年、撮影：大野）

を肯定的に言うのは、そこをつくった組織がマネジメントする主体として残り、時代とともに常にまちをリニューアルしている点です。そしてそこで人と触れ合うことによって新しい何かが生まれる。レッチワースに住んでいる人になぜここに来たのですかと聞いたら、「もちろんグリーンが多い。住環境がいい。だけどね、ここって人々の触れ合う機会がすごく多いんだよ」と言われたときに、なるほどなと思いました。

大野　吉祥寺で住宅地としての歴史はだいたい１００年ぐらいでしょうか？　〝ダメな郊外〟というのは、所沢とかなんかでしょう（笑）。そこでの開発がだいたい60年代ぐらい。50歳の頃の吉祥寺はどうだったかというと、そんなに複合的ではなかったですね。所沢もやがてこれから50年経つと「吉祥寺」になるのか、という問題が一つと、ではみんな「吉祥寺」を目指すとみんな「吉祥寺」になれるのかどうか、という問題がもう一つ。

三浦　吉祥寺では１９７０年代前半に駅周辺に百貨店ができて、それでいまの商業と住宅が混在する「吉祥寺」になり始めたわけで、その歴史は50年もないわけですが、そういう駅前再開発は今や吉祥寺も柏も松戸も千葉も百貨店が撤退してしまって役割を終えています。しかし吉祥寺はハモニカ横丁など大型店以外の魅力があるから、まあ、今後もある程度生きのびそうなわけです。だから、『吉祥寺スタイル』に50のエッセンスを書いたのですが、そのうち10個を所沢に取り入れる、たまプラーザはまた別

032　住宅と個店が同居する吉祥寺の街並み
（武蔵野市、2014年、撮影：三浦）

の10個を取り入れるという形で、そのまちのそれぞれの歴史を踏まえながら、適した要素を付加していって、結果としては、よりよい所沢やよりよいたまプラーザになっていけばよいというのが私のシナリオですね。

藤井俊二　吉祥寺はもちろんすばらしいまちだと思うんですが、あそこは昔から収入レベルも意識も高い人が住んでいて、そういう人的な集積がある。その人の集積に対してサービスを提供する多様な店舗なども集まってきている。その界隈ではいろんなものやことが、かなり高度なレベルでうまくできている、すごくレアなケースだと思うんですよ。

三浦　レアといえばレッチワースのほうがもっとレアですから、レアだから参考にならないのではなく、あくまでモデルとして研究して、自分のまちに取り入れられるものがあれば取り入れるということです。それに対して全部ショッピングモールとか大きな商業施設のなかでこと足りるようになって、その周辺にしみ出していく要素がないというのがファスト風土なんですね。吉祥寺も再開発してパルコができたり百貨店ができたりしたけれど、その裏に小さな店ができていくことが自然と起きてきたというか、許容されていたのか、「そいつらも全部大型店のなかに入れてしまえ」という動きにはならなかったというのが吉祥寺らしさをつくっていったと思うんですね。そういうことは他の街も学べるはずです。特にいまは大型店がどんどん退店している時代ですので、小さな多様な店があることで街の魅力を増す方法を考えるべきです。

大野　柏の葉キャンパスと吉祥寺は商圏構造が似ていますが、違いはまさにそこのところで、柏の葉キャンパスは基本的に民間デベロッパー一社の影響力が非常に強いので、儲けが確実な店しかテナントに入れません。要するに起業というのが入る余地がない。だからラーメン屋がないんですよね[★3]。生き生きした都市というのは、志をもったコックが小さいレストランを裏路地で開いて、ウケがよかったらちょっと広い場所に店を替えて、最後に、超高層の最上階かなんかにいくとアガリ！みたいな、そういうサイクルが可能だと思うんですが、柏の葉キャンパスは基本的にそういうことは起こらない。というのは、効率の高い大規模ビルに入るには、かなり高い保証金や賃料が要るので駆け出しにはそれは無理だからです。

だから、まち自体に成長していく活力の源がないというのが、吉祥寺モデルと柏の葉キャンパスモデルの大きな違いかなと思うんです。

既成市街地という概念のない日本の都市計画制度

岡部明子　日本の都市計画制度とヨーロッパの都市計画制度と何が根本的に違うかというと、既成市街地という概念が日本には存在しないということなんです。市街化区域のなかに既成市街地が含まれているんですね。いまヨーロッパの都市の場合は、そんなに新しい都市をつくるという都市計画は存在しなくて、都市計画は何をやっているかというと、既成市街地のマネジメントなんですね。

既成市街地というゾーンは、いままでの都市計画、いわゆる近代都市計画で新しくつくってきた都市とは全然違うロジックでいまマネジメントされているんです。それは「いまあるもの」が基準なんです。それが建っていようと空き家だろうと、とんでもないビルだろうと何だろうと、いま建っているものが基準になるというものなんですね。

それをどうマネジメントしようかというときには、そこには人々の営みがすでにあり、人々がそこに住んでいるので、そこをマネジメントしようとしたならば、いやが応でも市民が、そこに関わる人たちが、住んでいる人だけではなくて、そのまちを使う人——観光客も含めてですが、そういう人たちを参加させるというか、その人たちと一緒にしかできないからです。ですから私はまず、この縮小都市の問題は日本で何をしなければいけないかというと、既成市街地というものをまずベースにつくる。ヨーロッパの場合をみていると、だいたいいま既成市街地と市街化してはいけない区域しかないんです。

齊藤　日本で新規に開発するときに行政が指導する制度のメニューはたくさん用意してある気がするんですが、できたまちをマネジメントする、行政が関与することに対しての制度がない。つくるときに集合住宅指導要綱などがあって、こうしなさいああしなさいというのがあるけれど、つくったあとの管理に関しては行政が手を出せるツールが全然ないんですね。集会所をつくりなさい、管理事務所をつくりなさい、管理人を置きなさいとありますね。本当に置いているかどうかなんて誰も見にいかないし、本当につくったかどうかわからない。

岡部　一つ例を挙げれば、いま日本の場合はみんな容積率、建ぺい率がベーシックな規制だと思っているけれども、容積率・建ぺい率が導入される以前に形成された市街地に関しては、間口と奥

033　既存の建築がルールとなって形成された街並み
（サヴィリアーノ、2013年、撮影：岡部）

行きと建築線でもってそもそも規制されていましたよね。そういうエリアに関しては、建ぺい率・容積率に優先して、もともとのルールのほうが尊重されるわけです。そうすると、京都の町家みたいなものは破壊されないはずというわけです。

これもヨーロッパで紆余曲折がありまして、一度近代的な制度にワッと移行してまち並みが乱れたので、修正したという経緯があるので、一回失敗はしているんです。そして致命的になる前にそれを修正している。建物ができたときのルールが生きているというゾーニングに改めたわけです。

齊藤　私はそれが住宅でいつも問題だと思って。それで突然「空家対策法」ができました。大事なことは空き家になる前、特定空き家になるまでにやることがいっぱいあるんですよ。管理適正化とか、ちゃんと管理をやれとか。そういうツールが必要だと思います。

岡部　欧州でも最初は問題のある地区をクリアランスして、郊外にソーシャル・ハウジングをつくって、そちらに移住させるというような政策をとってきたけれども、それではただ問題を飛び火させるだけで、問題を抱える人を外に追い出すことによって犯罪組織とかが見逃されてしまう。そこに住んでいる人をまるごと再生するなり再開発するなりという必要が最近は指摘されるようになってきています。参加というのは、どちらかというと参加してもらわないと困る、でないと問題解決できないというようなことで。

秋田典子　日本で約100年前に近代都市計画が生まれた頃、内務省がほとんどすべての都市計画を決めていたので、住民参加という概念はありませんでした。都市計画決定などの日本の都市計画制度の根幹には、未だその名残りを見てとることができます。また、市民側の意識としても、例えば政治は都市計画と切り離せませんが、西欧では市民が普通の会話のなかで政治について議論するのに対し、日本では通常の会話では政治や宗教について避ける傾向があります。このため、自らが積極的に政治を動かしたり自分たちのまちを変えてゆく、という認識も醸成されにくい。そういった社会背景の違いがあるので、徹底的な住民参加といっても、まずは日本独自の住民参加や合意形成の方法論から探らなくてはなりません。近年の地方分権の進展で、都市計画分野における本格的な住民参加は、ようやくスタートラインに立ったところではないでしょうか。

縮小都市問題はコンパクト化しないと解決できないか

大野　では二つ目の主題「縮小都市問題はコンパクト化しないと解決できないか」に行きたいと思います。コンパクト化が要請されるのは現代都市が危機に瀕しているという認識が基礎にあると思いますが、では、いま日本の都市が抱えている危機とは一体何なのかということ。そしてコンパクトシティという政策はそれを解決する切り札になり得るのかどうか、ということを考えていただきたいと思います。

姥浦　ところで、郊外の問題というのは行政コストの問題だと言われていますよね。

大野　一番単純にコンパクトシティというなかでの議論はそこですね。

姥浦　そもそも日本の都市は諸外国と比べると人口密度が高いでしょう。そうすると、費用がかかっているというのは何を基準に言うんでしょうか。

姥浦　都市に集約的に住んだことと比べると、です。東京なんかは別として、地方都市に行くと、郊外の田んぼの真ん中にポツンポツンと数軒単位でミニ開発が行われたりしますよね。さらには、山の中に数軒という集落もありますよね。基本的には、そういうものが問題として認識されているわけです。それで自分の都市で一体どのくらいの密度が必要なのかというのを考えてみると、当然高ければ高いほど効率がよくなって、例えば富山は、だいたいヘクタール当たり40人ぐらい。いまの市街化区域の設定とだいたい同じなんですが、それぐらいでなんとか維持できるけれども、そうでないと財政的に苦しいと。

描き切れていないコンパクトシティ像

三浦　地方都市の場合は、中心市街地活性化とリンクして、コンパクトシティ化と言われますよね。そういうことでもないんですか、語られたものは。

秋田　そうでもないです。でも、コンパクトシティが中心市街地活性化だけではないということを、コンパクトシティ施策を進めている国も、都市計画に携わっている我々も十分に情報発信ができていないかもしれません。

大野　実際は、多くの地方都市では、どこが中心なのかよくわからなくなっています。どこかの地価が特別高いわけでもないし、どこかが特別便利なわけでもなくて。

政府の言う「コンパクト＋ネットワーク」とか「団子と串」では鉄道が一つの核として描かれていますが、大都市のベッドタウンの都市でなければ、鉄道を使っているのは高校生と老人しかいないから、普通の人にとって、鉄道の駅に近いかどうかは、そう重要じゃないですよね。では、なぜ日本の大都市の郊外住宅地の価値が駅からの距離で決まるようになったかというと、鉄道が先行したからですね。鉄道駅から歩くから鉄道駅近くに集まった。アメリカでは鉄道時代が早く終わってしまったから、都市形態が自動車に牽引されて決まった。いまの日本の中小都市や大都市の郊外はアメリカ型でクルマ社会だから、どこでも開発できる。

姥浦　日本の地方都市なんてまさにそういう状況で、1人1台ですから。駅というのは、特に地方都市では意味がないですね。地方鉄道みたいなところに行くと駅が田園の真ん中にあって、集落がちょっとそこから離れたところにある、そんな状況です。

ただ、拡散した状況が望ましいのかというと、それは違うだろうと。特に、高齢化によって移動が困難になる、人口減少によって社会的なサービスを提供する際の密度が薄くなる、でも財政的にそれを支えることができないという状況は目に見えているわけです。自動運転技術がどこまで進むかは、また一つ問題としてあるとは思いますが。そういったなかでは、社会サービスを提供する施設への公共交通でのアクセスを確保する必要があって、その結果として、そういう施設は公共交通の結節点である中心部にある程度まとまったほうがいいということになるわけです。

ただ、そのコンパクトな部分というか、まとまっている「お団子」の部分（97頁図035参照）というか、そこから外れた郊外に住んでいる人たちを無理に動かそうとまでしているかというと、それはかなりレアなケースで、基本的には多様なライフスタイルがあることを前提に自治体も計画していると思います。ヨーロッパでも同じような議論はあって、ドイツ人のジーバーツという人が「間にある都市」などという言い方をしているのですが、現代都市の郊外には、伝統的な都市と農村という概念だけでは括れない空間ができあがってきていて、それがむしろ多数を占めているんだ、その現実を見なければならないと言われています。

秋田　確かに、コンパクトシティ施策で拠点や居住エリアとして描かれている場所の外側に住む人たちは、ブルーカラー層や低所得者の方が多いのも事実です。新築一戸建て住宅の価格が非常に安く、車さえ使える状態であれば、あまり不便ではないからです。高齢になって車が将来使えなくなるかもしれない、というようなことはあまり気にしていないと思います。親が残した家に住むという選択肢もありますし。現在のコンパクトシティ施策は基本的に拠点となる場所の魅力を高める政策なので、そうするとますます都心の地価が高くなり、外側に住む人は相変わらず外側に住み続けることになります。これから格差社会が進むと、むしろ外側に住む人がさらに増える可能性もあるので、居住地のコントロールはコンパクトシティ政策では実現できない、という矛盾が生じる可能性があります。

饗庭　コンパクトシティを実現するために、都市再生特別措置法が改正され、「立地適正化計画」という新しい計画制度ができました。都市の中に、都市機能を集中して立地させてコンパクトシティのコアをつくる「都市機能誘導区域」と、その周辺に住宅を集中的に誘引する「居住誘導区域」という二つの区域を設定する計画制度です。都市機能誘導区域には、どういう機能を誘導するかを計画のなかで設定することになっています。

大野　実際には何を誘導施設として考えているんですか。

饗庭　私がお手伝いしている町では、もともと中心部に都市機能が集積していたので、新規に何を指

034　ミニ開発によって安価に供給される新築一戸建て住宅（さいたま市、2006年、撮影：大野）

定しようかと悩んでいるところです。他の都市については、聞きおよぶ範囲ですが拠点的な病院や図書館といった機能が多いようです。居住誘導区域の設定の仕方については既存の駅やバス停から半径何メートルの範囲を居住誘導区域に設定するという方法が多いようです。しかし、それではこれまで努力をしてつくり上げてきた住宅地の価値が、駅から遠いからという理由だけで否定されてしまうことが起こってしまいます。ですから私は、公共交通を前提条件として先に考えるのではなく、守りたい、あるいは未来に残したい住宅地がどこにあるかをしっかりと議論した上で、それらの住宅地をつなぐような形で公共交通、特にバス交通を走らせる、というふうに議論をしましょう、とアドバイスをしています。このことは、住宅地の価値、コミュニティが共有できる価値を根拠にして都市をコンパクト化していきましょう、というCMA（Community Management Association：地域経営組合）の考え方に近いと思います。

　このことをしっかりやるためには、「都市計画の担当部局が住宅地の経営感覚をもつ」ということが重要だと思っています。これまでのようにまちのすべてに道路を行き渡らせるというような、均等なサービスを提供することを優先するのではなく、都市計画によってきちんとつくられた住宅

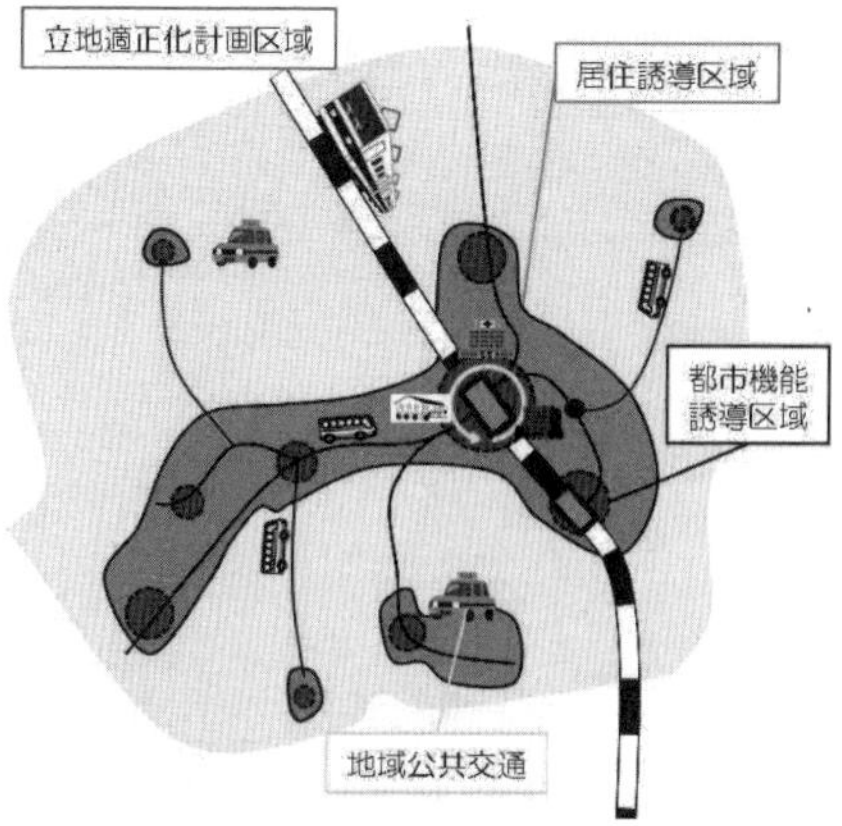

035　立地適正化計画の概念図
（国土交通省ウェブサイトより引用、<http://www.mlit.go.jp/en/toshi/city_plan/compactcity_network2.html>、2018年6月10日閲覧）

地の価値が下がらないように、手練手管を尽くしていく、というふうに考えを変えるべきではないかと思っています。

秋田　立地適正化計画における課題は、居住誘導区域の外側の人たちをどうするかという点だと考えています。そこは裕福な人が別荘として住んでいるのではなく、先ほど述べたように中低所得の人がなんとか夢のマイホームを手に入れたという場合が多いからです。その人たちなりのライフスタイルや価値観もあります。収入やライフスタイルという観点からは、彼らは内側に住みたいというモチベーションはもちづらい。こうした場合、選択肢を示すことが大事だと思います。内側に住むと生活はこう変わるがインフラコストは下がる。外側に住むとインフラコストはこのくらいかかり、住宅の価値はこれくらいの勢いで下がりますと。

都市は簡単には自然に還らない

秋田　現在、コンパクトシティを具体的に進める手段となっている立地適正化計画では、外側のエリアはほとんど関係ありません。外側のエリアは、放置して自然に還すということを考えていらっしゃる方もいますが、実際に自然に還すためにはとてもコストがかかります。このことに対する認識が共有されていません。自然は気候変動や人の関わりによって常に変化しゆらいでいるため、自然に還すというのであれば、目指す「自然」が何かということを再定義しないといけません。

もう一つ、課題だと感じていることは、土地に関する財産権、すなわち憲法29条の解釈です。財産権は土地から得られる利益だけでなくて、その土地が発生する不利益についてもしっかり責任を負っていく必要があると考えています。そのことが明確に示されたのが、例えば特定空き家だとか、耕作放棄地に税金をかけましょうという話だと思います。周囲に対して悪影響を与えないように適正に土地を管理するということも、財産権という権利に伴う責務の一つだと考えています。

住み続けたい住民

藤井　横須賀の京急沿線で3か所の住宅団地に住民アンケートをしたんです。55歳以上の人にどこに住みたいかということでアンケートをとってみると、80%以上の人は「いまのままずっと住みたい」と回答しています。80歳ぐらいになった人は90%ぐらいがそうなんです。それはたぶん願望であって、そこで住めなくなるような状況が出てくると思うんですよ。医療や介護サービスが受けられないとか、買物ができなくなるとか。あと10年もするとそういう状況が顕在化してくるから、何か考えておかなきゃいけない。

齊藤　私もいろんな住宅地でそういう問題を調査しましたが、ほとんど同じような結論。高齢期になって、例えば何歳のとき、何歳のときと想定しても、「ずっとこのままいたい」というのが多いというのは、人の願望ですね。

036　住み慣れた場所に住み続けたい住民
（東京都世田谷区、2017年、撮影：藤井）

もう一つレッチワースと日本の住宅地で根本的に違うのは、ステキな住宅地のなかで移っていけないということです。レッチワースに住んでいる人に聞いてみると、なかでみんな住み替えるのです。アガリは一番歴史があるチープ・コテッジ・エリアだといわれました。

藤井　柏ビレジ[★4]ではそこの環境が気に入っていて、団地内で人が住み替えたりするんだそうです。

齊藤　そうです。まちがそれがうまくいっている例というのは、そこのなかで人々が住み替える。マンションでも意外にうまくいっているのは、そういうことなんです。なかで3LDKから4LDKに動くとか。ただ、取引費用が大きすぎるからあまり効率的じゃないけれど、子ども部屋をもう一つ買う・借りるとか、なかで動いていて、でもみんなのあこがれのアガリがあるわけです。そのなかで住み替えることによって、いろんな年齢の人が住むことになる。また、そこに子どもが帰ってくることによって、さらに多世代が住むことになります。

大野　流動性は場所に対する愛着を損なうと言う人が多いですよね。ところが、実際は逆で、流動性が欠けていたから愛着が生まれない、ということですか。それは面白いですね。

037　レッチワースの住宅
（レッチワース、イギリス、2004年、撮影：三浦）

望ましいコンパクトシティ像はあるか

姥浦　理想のコンパクトシティ像というのは、結局自治体ごとに考えていかなければならないわけです。というのは、自治体ごとに置かれている状況は違うわけで、持続可能な都市の形というものもそれによって変わるわけで、ですから計画内容も多様になってしかるべきだと思います。何もない真っ新で真っ平らな土地に計画するということとは違うわけです。そこでのポイントは二つで、一つは単純な意味でのインフラや福祉サービスなどの社会サービス提供のコストだけじゃない、総合的な観点が必要だということです。産業だとか文化だとかということですね。もう一つはそれらについてどう重みづけをして最終的なアウトプットを出すのかということで、その重みづけを専門家が「これが正しいんだ」ということでやっていた時代もありますが、いまは市民が中心となって考えるべき、という時代なんだと思います。

和田夏子　私は二酸化炭素排出量と公共土木工事費用でコンパクト化の効果を長岡で試算をしました。コンパクト化の効果という点では、ある程度現状の都市の骨格を残しながら、周辺のスプロール化しているところをなくしていって、中くらいの程度にコンパクト化する方法が、効果があるという計算結果になっています。しかし、これを実現しようと思うとたいへんです。コンパクト化の効果は、市街地の範囲を縮小しないと発揮できないのです。一人でも人が残っているとインフラを撤退できないからです。しかし、あるエリアから完全に人を撤退させるのは、難しいと思います。試算でも、40年かけて、人生のステージの変化で少しずつ引っ越すことを想定していますが、それでも引っ越しは困難だったり、撤退しなければならない地域の地主が反対したりするとか、課題は多いと思います。

齊藤　このコンパクト化の議論が突き進んでいって、無味乾燥な同じまちができれば、また次の失敗になりますよね。

大野　そうです。私もそう思って、縮小の時代における計画は、いまここにあるものからスタートするということが原則だろうと思うんですよね。政府のコンパクトシティは設計図どおり都市をつくるという考え方ですよね。

松宮さんに書いていただいた証券化論はどういうふうにここに絡みそうですかね。あれは一種の思考実験だと思いますが。

松宮綾子　補助金を出してコンパクト化というのは現実的ではないので、現金を動かさずに、補助金を使わずになんとかコンパクト化ができないかというのが証券化の出発点です。行政主導の線引きというのは合意形成があまりにも難しいので、そうじゃない方法を考えましょうというその出発点になるのじゃないかなと思って。

藤井　現実はどうなっているかというと、先ほどの柏にもどりますが、駅前が陳腐化しているのは間違いなくて、そこをなんとかしようかというと、市とかデベロッパーはコンパクトシティをつくろうと言っているんですよ。再開発して超高層住宅を建てればいい。病院とか生活に必要な施設はすでにあるから。

齊藤　コンパクトシティの象徴は超高層マンションなんですね。驚きました。

038　コンパクトシティーの実態は再開発タワーマンション
（千葉県柏市、2017年、撮影：藤井）

陰謀論

大野　いまかなり多くの人がコンパクトシティを口にしますよね。福祉関係者も都市計画を専門としない人もコンパクトシティは必要だとニュース番組でも言う。１９８０年代に、日本の住宅はうさぎ小屋だと言われて、日本人は狭いところに住んでいるから、頑張って大きくしようと言い続けたのに、急に言わなくなって、今度は、コンパクトに住もうと……。

中川　だけど、人口が減って不動産が余ってしまうから、すごく価格が低下するじゃないですか。そういうなかで、アメリカみたいにものすごく広い住宅にこれから住むかというと、いまある住宅を全部壊して広い住宅にするというのはあり得ないから、たぶん2戸目をもつとか、もっと分散して住むとか、そういう世界だと思うんですよ。

そういう意味で、欲望を拡大する方向のやり方があってもいいと思いますが、それができないとしたら、効率性を保たざるを得ないのかなと思いますね。

大野　現状では地方自治体が住宅の立地をコントロールできていない現状があるわけですが、コンパクトシティ政策の功の一つは、それを中央政府が正したということだと思います。わかりやすい都市イメージとしてコンパクトシティを出したのはよかったと思います。しかし一方で、穿った見方をすると、新たな建設需要をつくるための大義名分をつくり出しているとも思うんです。公共公益施設を動かすことで人が住むところを変えようなんていうのは、ありえない話ですよね。

私はここにはある種の陰謀が隠されているんではないかと思っているんです。不動産業界と経済学者と都市計画学者が結託して、コンパクトシティ論で都心再開発のマーケットを強引につくり出しているんだと（笑）。いまみんな都心のマンションに向かうじゃないですか。そのうち、必ず〝郊外ルネッサンス〟というキャンペーンを誰かが張り出しますよ（笑）。

齊藤　そう。つくられたマーケットだと思う。みんな都心に行きましょう、都心に行きましょうというキャンペーンが張られていて、みんな郊外に住宅を買ったら二束三文になりますよと、都心がハッピー！みたいに。すごくマーケットがつくられていると思う。だから、郊外のマーケットをつくっていかなければならないのではないかと思います。

都市は誰のものか

大野　それでは三つ目のテーマにいきましょうか。「都市は誰のものか」です。縮小の時代には都市経営の主体は一体誰なのだろうか、これを議論していただきたいと思います。これは我々の提案につながる議論ということでもあるわけです。

松宮　住民に地域運営の権限がシフトしていると言われていますが、住民の決定権は依然として拡大していないんですよね。そこを変えようというのがCMAだなと思う。

齊藤　税金として払う量を減らして、自分たちがマネージする量を増やしてやる。税に関して行政とのネゴシエーションが必要です。「うちはこれだけ頑張ったから税金を負けて」という、そういう権限をもっていかないと自治にはならないと思う。

住民による地区経営の制度

大野　私たちが議論してきた住民による地区経営という概念に関連して整理しておきたいと思うのは町内会以降です。20世紀の日本での議論では「行政の末端組織で、戦前的な大政翼賛はいやだ。だから町内会は解体すべきだ」という主張があって、人気がなかったと思います。最近は少しそのあたりの様子が変わってきて、コミュニティの力に期待したいという人たちが増えていると感じがします。

秋田さんは地域自治区などに詳しいのですが、「住民による地区経営」ということにつながる制度が現行都市計画や地方自治の枠組みにもあると思いますが、そのあたりをまとめてお話しいただけますか？

秋田　都市計画分野における住民主体の地区づくりとして、例えば地区計画は、つくるまでは住民参加をするけれども、つくったら運用は行政にお任せになります。建築協定は一応民間でマネジメントしているようだけれども、実際にそこまでやれているところは限られていて、住民で都市を経営ということはあまり想定されていないような気がします。

地域自治区はまさに自治をいかに実現するかという問題意識から出てきたアイデアです。これを実際に運用しているところは、まずは住民自治を守るということ、そしてコンパクトシティの前提と同じ文脈でコスト削減という側面ももっています。最初から地区にお金を配ってしまうことで、「うちは何とかセンターは要らない。その代わりに通学路の街灯をつけます」といった選択をすることができます。考え方としてはとても合理的だと思いますが、実際はそれをやるとＮＩＭＢＹ［★5］施設などが建てられなくなったり、自治体の経営として、「やっぱり音楽ホールは欲しいよね」となったときに、どの地区に建てるかという選択が難しくなってしまったりします。これは、広域行政でも同じですね。いかに住民に納得のいく形で都市経営をするか、試行錯誤の途中というところだと思います。

齊藤 だから住民主体ということはまだまだで、まだ行政が主体で住民は参加というのが実感ですね。

秋田 齊藤さんがおっしゃるように、良い住宅地の経営を住民組織が担うという考え方もありますが、都市計画の分野では必ずしもそれだけではないように感じています。１９７０年代後半から神戸市で活発化したまちづくり協議会は、住民発意型で「おれたちのまちはこうしたい」という計画を住民組織が提案して、行政がそれを認めて、提案に沿ってハード整備をするという仕組みで、最終的に地区計画に位置づけられます。私は、自分たちでまちづくりをやりたいところには、お金も住民組織に配ってより効率的にハード整備ができるようにして、行政は公正に実施されているかどうかをチェックするという仕組みでもよいのではないかとは感じています。ただし、実際にまちづくり協議会が立ち上がった場所は、齊藤さんが関わっておられるような住宅地や、一般の方がすばらしい住宅地だと思っているようなところではなく、むしろ公害や廃棄物の不法投棄などで環境が悪く、住民が環境をなんとか改善したいと悩んでいて、地域のみんなで力を合わせてゆこうというような地区が多いという印象がありますね。

饗庭 歴史的にみると、住民によるまちづくりという概念に関係する都市計画の制度は、地域自治区型と協議会型という違ったタイプがあります。まちを等しく住区に分けて一つずつ組織を置くという考え方に基づくものが地域自治区型で、課題が集積して改善する必要があるところに戦略的に組織をつくってまちづくりに取り組むのが協議会型です。

80年代に先駆的に取り組まれたところは、防災が課題であったことが多く、住宅の不燃化や道路公園の整備が取り組まれましたが、近年は現在ある環境を守りましょうという環境保全型のものも多いです。

地区計画は一度つくってしまえば住民の手を離れ、都市計画として行政が運用しますので、まちづくり協議会の「組織」的な側面は弱くなり、「手続き」的な側面が強くなります。例えるなら協議会が充実した説明会のようになっていく、ということですね。

80年代のまちづくり協議会ははっきりと「組織」をつくろうとしていました。行政がその組織に「公園をつくりたい」と提案したら、「ちょっとみんなで考えて決めておくよ」というように動いてくれる組織を地域に育てることが意図でした。そのために、協議会に専門家を派遣したり、行政職員も丁寧に対応をするなど、多くの資源を投入します。それは成果をあげることにもなりましたが、一方で特定の組織に資源を投入することの是非も問われることになります。

90年代になると地域にNPOのような小さなテーマ型の組織が現れます。たとえば、世田谷区はそのことに早くから気づき、90年代には協議会を育成することではなく、むしろテーマ型でやる気のある人たちがつくった組織を応援する、というふうに政策を転換し、世田谷まちづくりセンターやまちづくりファンドをつくります。特定の協議会の組織形成に集中的に資源を投入するのではなく、すでに組織として主体性が確立されたところに資源を分散させるということです。このことから、協議会の組織的な側面が弱くなり、結果的には手続き的な側面が残っ

039　市民がまちづくりを議論している様子
（東京都世田谷区、2016年、撮影：饗庭）

てしまうということになりました。

松宮　いまのお話のように地域からテーマ別へ移行すると、熱心なところとそうじゃないところができていきますよね。それで、ある意味、勝ち組と負け組が選別されていきますが、それと並行して、そのなかでテーマ別に横串を刺すようなものが出てくるということですか。

饗庭　団地のようにエリア性がはっきりしているところには横串が出てきやすいでしょうね。横浜のドリームハイツという有名なところがあります。保育園が不足していたために自主保育の会が発足したことを皮切りに、おやじの会や、学童保育のグループや、地域福祉を担うグループなど、住民が年を重ねることにあわせて小さいグループが誕生していきます。その人たちがゆるやかなネットワークでつながっていて、問題が起きたら協力してその解決にあたるというふうに動いていています。

　まちづくり協議会は都市計画分野の政策ですが、地域福祉の分野ではもっと進んだ現象が起きてい

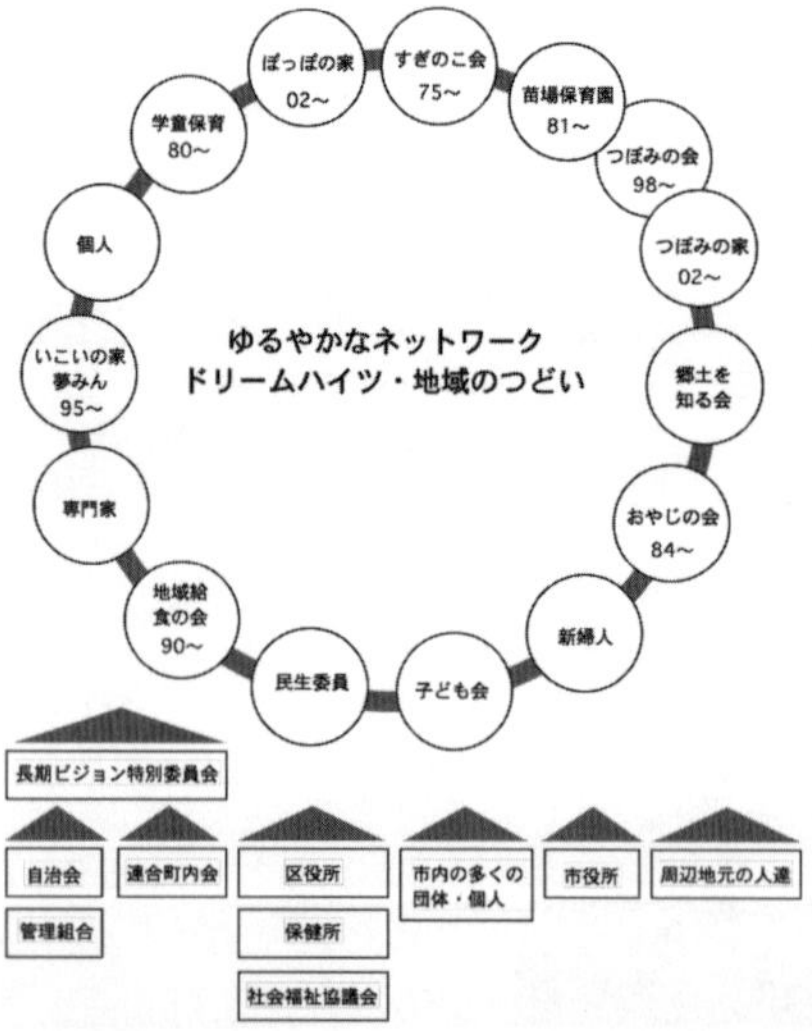

横浜市の郊外団地「ドリームハイツ」では，自主保育（すぎのこ会），高齢者や障害者などがぶらりと立ち寄れる交流サロン（いこいの家夢みん）といった個別のニーズ毎に活動グするループが自発的に生まれ，それらが「地域のつどい」という定期的な会合でお互いの情報交換を行いながら活動を行っている．

040　ドリームハイツのゆるやかなネットワーク
（出典：日本建築学会「まちづくり組織」『建築設計資料集成　地域・都市 II ——設計データ編』2004 年、丸善、195 頁）

ます。福祉の場合はサービスがあり、介護保険という形で財源もはっきりとあるからです。小さなNPOから民間企業まで入り乱れて事業を展開しており、それがわかりにくくなったので、現在は「地域包括ケア」という枠組みでそこに横串を刺そうとしているということではないかと思っています。

岡部　CMA的なものがスラムで機能しています。そもそもインフォーマルなエリアなので、自治組織でもって、高密度で、過酷な条件で地区の生活が成り立つようにしなきゃいけないので、必要に迫られて自発的なマネジメントが行われているわけですね。

建物の規制とかそういうものまで含めて当然行われていて、藤井さんが提案しているようなペンシルビルで二つのビルが階段を共有するというようなことは、当たり前のように起きているわけですね。それは底地の所有権がはっきりしていないので、かなり合理的な判断でそういうことはどんどん起きていて、例えば、隣の家の上に建て増すということも平気で起こっているわけですよね。だから、階段を共有するなんていうのは、私が一つ提案したら「いいね」と言ってすぐできてしまうという感じなんですね。

ところが、スラムではみんな底地をもっていないじゃないですか。ですから担保がないわけですね、住宅を改造するために借金をしようとするときに。それで、コミュニティに対してファイナンスをするという試みが注目されています。そのときにはCMAすなわちコミュニティがしっかり組織されているかどうかでもっ

041　高密度スラムの生活は、住民組織による自治マネジメントで成り立っている（ジャカルタ、2011年、撮影：岡部）

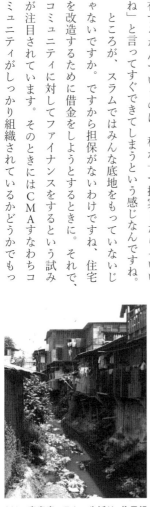

て融資が組まれるというような仕組みです。

いま私たちが考えているようなＣＭＡの仕組みが必要に迫られてけっこう機能している。でもそれはけっこう新自由主義的な発想であり、そういったコミュニティが組織できない人たちとか、それからこぼれてしまった人たちとの差がいま問題になっているんです。

都市の運営のアドバイザーとしての専門家

大野　専門家はどういう立ち位置に立つかという議論はやはり必要で、この本は一般市民に開かれていると同時に、専門家の役割はこうでなければいけないということも言いたいと思っています。専門家はいま非常にあやふやな位置にいるのではないでしょうか？　かつて、近代主義の巨匠の時代には、都市計画家は正しい方向を示す神のように振る舞いました。その後、脇に後退して、「産婆」や「針灸師」などと再定義されるようになってきています。住民が地区を経営する時代において必要な専門家像はどのようなものでしょうか？

岡部　魅力的なまちとは何か。さっき柏の葉と吉祥寺の比較という話がありました。用途混在の、ある程度高密度な状況をつくろうとしたのが柏の葉で、吉祥寺は自然に、まあ勝手にできてきたまち。都市というのは、誰かがつくるということもある局面では必要だけれども、長い歴史のなかでみていけば、人はだいたい勝手にできたところで生活しているわけですよね。都市が魅力的になるというのは、必ず勝手にできた、どちらかというと計画したつくるほうの意図と無関係なことが起きたときに、魅力的になったり……まあ、ならないときもありますが、なるときはそうなんです。

大野　「なる」といってしまうと、あまりに人為がなさすぎるので、私は植木屋だと言っています。つまり、近代建築の理念モデルは〝住むための機械〟のように、都市設計をエンジニアリング的発想で考えた。だから、きちんと設計をしてから、そのとおりにつくろうと考えますよね。

岡部　育てるということですよね。

大野　そう。植木屋の一番大きい特徴は、つくりはするけれど、庭というのは最初の庭師が考えたようには決してなってくれないんです。つまり素材が自然物だから。だけど、手間のかけ方によっては成長の仕方も違う。だから、育てるのが正しくて、完全にはコントロールはできない。

岡部　延藤安弘さんがおっしゃっていますが、「まち育て」という言葉があります。それに近いものかなと思います。

三浦　吉祥寺から学ぶべきものは、そんなに計画しすぎないで、ということだと思うんですよね。

齊藤　そうです。私がいますごく不足していると思うのは、まちをマネジメントするリーダーというか、そういう専門家がいないんですね。そういう人材を育成していないし、新たな職種なんです。例えば、さっきの、つくり手はいっぱいいるんだけれども、それをマネジメントしていくという担い手がいまはいないとか……。一緒に育てる人材が必要ですね。

大野　「コンパクトシティからＣＭＡへ」ということで、皆さんに議論していただきました。日本の都市が置かれている状況やそれに関わる制度の状況が概観できたと思います。そして、縮小の時代には「住民による地域の経営」という考え方が必要だということも少しは明らかになったのではないかと思います。ありがとうございました。

（本章は、2016年8月2日と5日の2回の討論をまとめたものである。）

註

★1　CBD——中心業務地区のこと。英語のCentral Business Districtの頭文字をとった用語。

★2　レッチワース——エベネザー・ハワードが提唱した理念に基づいてロンドン郊外に1903年に建設された最初の田園都市。民間資金によって設立されたヘリテージ財団が町の管理運営を行っている。

★3　柏の葉キャンパス——1960年代に開発が開始された筑波研究学園都市と東京都心をむすぶ新線つくばエクスプレス沿線の駅名。その周辺が官学民の共同によるアーバンデザインのもと住宅地、商業施設などを含む総合的な開発がなされている。対談から2年後（2018年の夏）、高架下に小規模ローコストの店舗の整備がすすめられているのを見つけた。聞けば、UDCKを中心に企画され、デベロッパーと鉄道会社によって、まさに起業を迎えるプロジェクトであるという。同種の高架下の利用は、他の地域でも最近次々と始められている。これらの取り組みが、どのように育ってゆき街の活力につながるのか興味深いところである。

★4　柏ビレジ——東急不動産が1980年から分譲した、都心から30キロメートルに位置し、総戸数1600戸の戸建て住宅団地。建築家宮脇壇氏が外部空間の設計に携わり統一した街並みを形成している。

★5　NIMBY——Not In My Back Yardの略。都市には必要だが自宅近隣には立地してほしくない施設や、それらの施設を排除する傾向を指す。ごみ焼却場や葬儀場、騒音発生施設等が代表的。

第三章　CMA構想

3―1　CMAとは何か？

CMA（Community Management Association：地域経営組合）は、住民が住み良い地域をめざして地域空間の運営と管理を長期にわたっておこなうために設立する組織である。それぞれの地域において、住民の意向と現状を踏まえて、独自の目的をもって居住地の将来像と運営管理の方法を自ら決定する。CMAの制度においては、住民は公共サービスの受益者に止まらず、地域の管理運営の主体としての役割を引き受けることになる。

現実の地域は多様だからCMAの目的も多様でありうる。市場価値が高い地区であれば、住宅地のブランド価値つまり商品としての価値を最大化させることを目的としてもよいだろう。例えば、建築協定を結んで家並みを整える、道路植栽を充実して、メインストリートに美しい並木をつくるなどである。立地は悪くないが特徴もなく衰退が懸念される住宅地であれば、積極的に魅力づけをおこなうことでニッチな市場価値を高める戦略をとるCMAもあるだろう。例えば子育てのしやすい環境づくりをして子育て世代を呼び込むのである。交通が不便な場所であれば、バス（タクシー）会社に一定の乗車率を約束し、専用ミニバス路線を開設させるのである。地価が安い地区であれば、ゆったりとした住宅街の形成をめざして、空き家利用による音楽練習場の整備や空いた土地を庭の拡張に使ったり共有のテニスコートや馬場の整備なども考えられる。ＣＭＡの活動に期限を設定することも可能である。例えば衰退、消滅が確実視される住宅地で最後まできちんと生活できるように管理計画を立てることや、集合住宅等で定期借地権と連動させて区分所有関係を解消する時期を決めておくことも縮小社会では必要なＣＭＡの活動である。

いずれにおいても、積極的な投資は失敗の危険もありしっかりした経営計画が必要であることは言うまでもない。まさに住民自身が地域の経営に関わるのである。

3―2 CMAの区割りと規模

CMAの区割りは、原則として基礎自治体の範囲を分割したものであり、区域は相互に重ならない。区域の規模は、住民が地域の実情を肌身で感じ、意思疎通や合意形成が可能な程度の小ささが必要であるが、同時に公共サービスの費用削減においてスケールメリットを出せる程度に大きさも必要である。さらに、地域の歴史や履歴を考慮しつつ決定されるべきである。

地方自治法に基づく地域自治区制度の事例などから考えると8000－2万人程度までがCMAの最適規模であるが、地域の実情に応じてそれより小さくても大きくてもよい。現在の都市行政と対応させれば、「小学校区」「中学校区」「町内会」「集落」などが対応する。都市部では、小学校区程度が妥当であろう。また、規模の大きな集合住宅地は単独でCMAを形成することができる。広大な山林と複数の集落が点在するような山間部や農村部では、伝統的な集落単位を一つの区域とするのが妥当であろう。CMA制度の導入時期には、これらの単位を基礎にして自治体によって区割りがなされるのが妥当であろうが、その後に住民からの要望を自治体が承認する形で、CMAの分割、合併をする調整過程が必要になるかもしれない。CMAが取り組む事業の性格によっては、事業ごとにいくつかのCMAがまとまって連合を組むほうが合理的な場合もある。

なお広域の環境保全に資する山林や河川、湖沼等の管理はＣＭＡの区割りの対象外とし、短期的な経済的合理性から離れて、国民の生命と文化を守る環境圏として長期的、公益的観点から国、県、市町村等の管理に委ねるべきである。

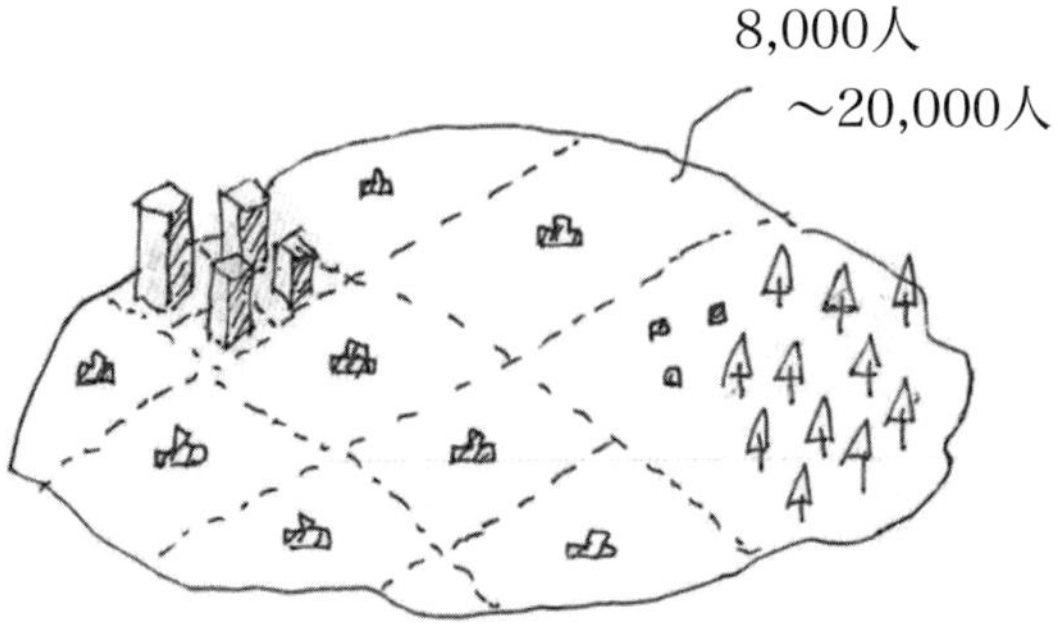

3―3　CMA組織と運営

CMAは公正に選ばれた役員によって運営される非営利の法人であり、原則としてその区域に居住する世帯が構成員となって住民に提供する事業をおこなう。主な財源は、CMAが自治体から公共サービスの移管をうけるにあたって自治体から割り戻される費用とCMAが構成員から徴収する共益費の二つである。CMAは、利益をあげて将来の活動へ再投資をすることも独自の財産を持つこともできるが、事業の利益を構成員へ分配することはできない。CMAは、公的な法人として税制の優遇を受け、市町村によって活動が監督される。

CMAの構成員は持ち家世帯だけではなく賃貸世帯も含める。土地の資産性が減り賃貸住宅需要が高まり、中古住宅市場も活性化するこれからの社会において、地域の持続性と活力を確保するためには賃貸世帯も持ち家世帯も同等でなければならない。

CMAは、これまで自治体がおこなってきた公共サービスの一部を肩代わりし、自らの居住環境の管理を自らおこなう仕組みなので、自治体がそのサービスに要する費用（直接経費と間接経費）を受け取ることができる。それが活動の主な収入源になるが、これまでの行政サービス以上の取り組みをする場合には、構成員から相応の共益費を徴収する必要がある。一方、公共サービスの水準を下げることで構成員に住民税の一部を還付することもできる。また、ＣＭＡが積極的な活動をするためには有給のスタッフが必要になるし、役員に対しても報酬が支払われるべきである。

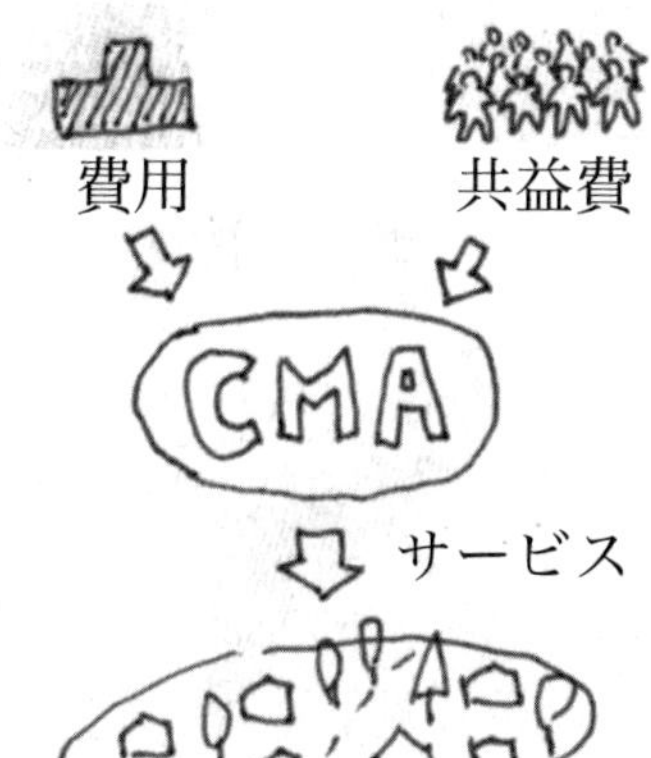

3―4　CMAの事業

ＣＭＡは、主に居住地の公共インフラの維持管理を担う。また、縮小社会に普遍的な問題である空き地・空き家の活用と処分をおこなう権限が与えられる。それ以外に、教育を除く地域サービス提供や、それに関わる公共施設の維持管理を担うこともできる。ＣＭＡの住民がこうした業務を直接おこなう必要はなく、自治体や公益企業あるいは民間企業から購入すればよいが、もちろん住民の手でおこなうこともできる。サービスの水準はＣＭＡ自身で決め、水準の設定次第で構成員の費用負担が異なるが、これらの施設の公共性から一定の水準は維持する必要がある。

ＣＭＡが担う居住地の維持管理には、区画道路および通路、街灯などの道路に付随する設備、街路樹、街区公園などの維持管理、そしてガス、上下水道、電気、ゴミ収集などが含まれる。ただし、多くの場合、ＣＭＡが上下水道、電気、ガスなどのインフラ施設を所有しないほうが賢明であろう。これらの維持管理には技術が必要であり、かつＣＭＡが所有するには資産額が大きすぎ再投資も巨額になる。従って、配管や供給施設のインフラ部分は、引き続き自治体や電力事業者やガス事業者が所有し維持管理をおこなう。ＣＭＡの仕組みでは、自治体は公共サービス提供をする一事業者となり、複数のサービス提供事業者と競争的関係になる。また、基盤的なサービスのうち、ゴミ収集などのスケールメリットがある事業については複数のＣＭＡが連携して運営する。

これまで行政がおこなっていた公共サービスの一部をＣＭＡが実施することになるので、自治体はＣＭＡに移管したサービスに要する費用のすべてをＣＭＡに割り戻さなくてはならない。これはＣＭＡの財源となる。それゆえ、ＣＭＡが従来以上の公共サービスを提供する場合は不足分を構成員から徴収することになる。

多くのＣＭＡでは、空き家と空き地の管理は大きな比重を占めることになるだろう。そのためには空き家と空き地の利用と処分の権限をＣＭＡが持てるようにすることは重要であり、ＣＭＡの知恵の見せ所である。空家特措法の延長で考える必要がある。

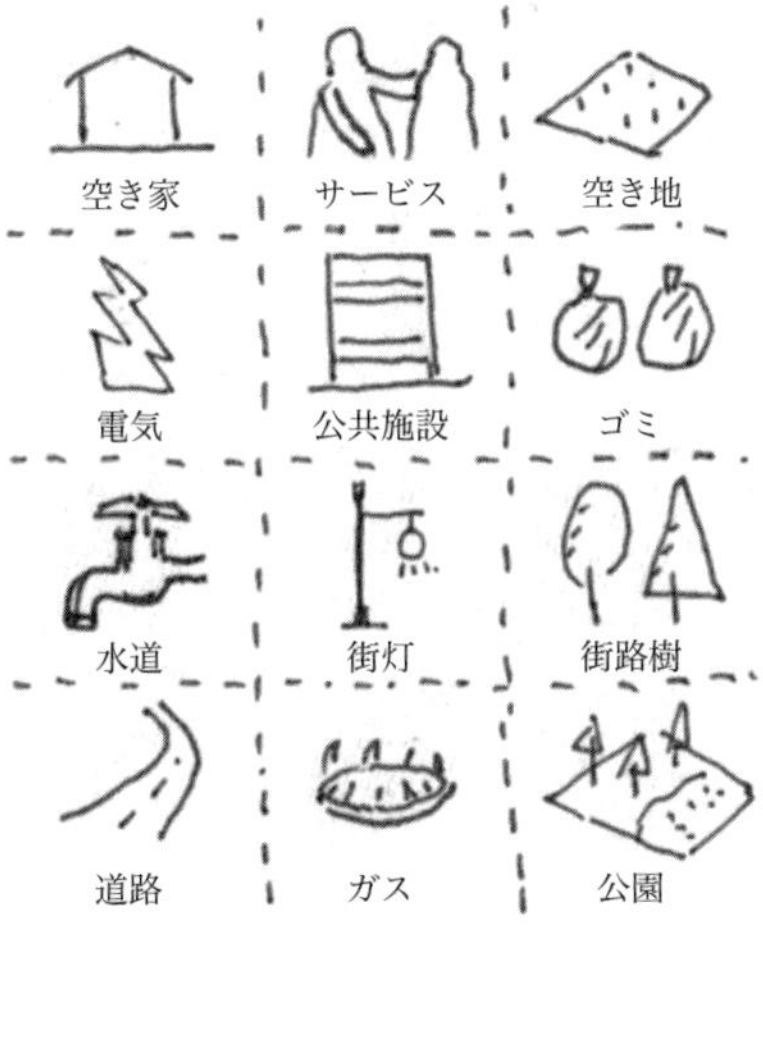

3—5 CMAと自治体

CMAが、どのような公共サービスをどの程度引き受けるかは自治体との協議によって決める。自治体は公共サービス部門の縮小を進めるとともに、公共サービスの一事業者に役割を変える。自治体は、各CMAが公正に運営されるように監督するだけではなく、健全に運営し発展できるように的確なアドバイスをおこなう態勢をとることが必要である。

CMAの制度が発足しても、すべての地域でCMAを組織し、発足させられるわけではないし、また一度発足したCMAがたちゆかなくなり解散せざるをえない事態もあろう。そのような地域に対しては、自治体は住民のシビルミニマムを確保するために、適切な価格で公共サービスを提供しなければならない。また、努力のかいなく、たちゆかなくなった地域の住民に対しては、健全な地域の空き家の斡旋や公営住宅への入居をはかるなどの救済策が並行して進められなければならない。

CMAの特徴を自治体からみれば、これまで自治体が果たしてきた住民に公共サービスを提供する責任を免除することであり、近年の公共サービスの民間委託の流れに沿っているとも言えるが、CMAの仕組みは、それらのサービス水準の設定を住民にまかせようと言うものである。人口減少に起因して自治体がこれまでどおり公共サービス提供ができなくなることは避けられないが、行政はサービス水準の切り下げをおこなうのではなく、それはCMAの判断にまかせ、行政はCMAの活動を支え、困難な状況のなかですべての住民が一定の水準の居住環境のなかで生活ができることを保障する役割を担うべきである。

CMAがサービスの外注をするときには自治体職員による助言が必要であり、挑戦的な経営をするCMAにはコンサルタント派遣なども必要である。一方、CMAは公金を受け取って事業をおこなうので、公正な運用が求められる。これの監督も行政の新たな仕事になる。

居住者人口が極端に減ったり、高齢化によって運営を担う住民がいなくなってたちゆかなくなったCMAや事業に失敗したCMAに対しては、市町村は専門家の助言を得てCMAの認定を取り消す。

（第三章文責：編集委員会／作図：饗庭伸）

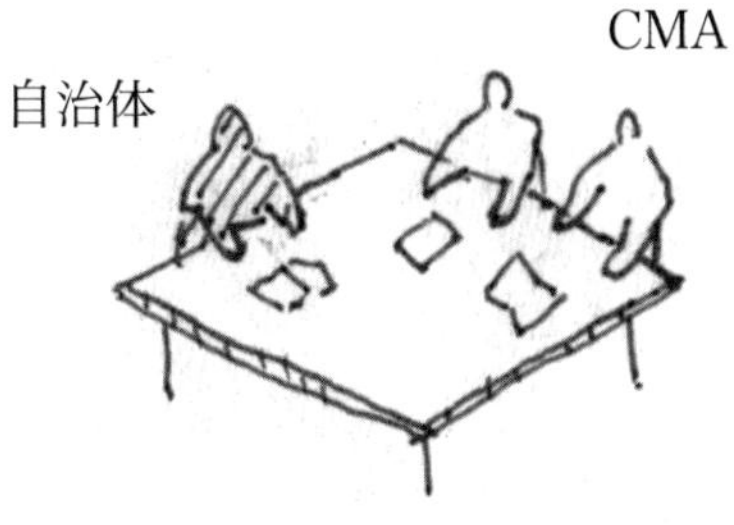

第四章　ＣＭＡをめざして

4—1 住民による戸建て住宅地のマネジメント——姫路市のぞみ野

齊藤広子

まちのマネジメント

まちが持続可能であるには、①まちのマネジメントの主体があること、②まちの方針決定の仕組みがあること、決まったことに従うという合法的な財産権の制限、③まちのマネジメントのルールがあること、組織の加入を強制でき、全員参加にできること、構成員の権利と義務が明確であることである。④賦課権があり、必要な費用は自分たちで徴収し、賄う。そのぶん、行政と税負担のネゴシエーションをする。そして、まちを再生していく種地として、⑤不動産を持てることである。つまり、マンションでは条件がすべて整っているが、戸建て住宅地にはそんな仕組みがない。自治会では住民の加入を強制できない。一般的なまちづくり協議会でも加入を強制できず、まちに上記の②-⑤の体制は整っていない。

住民主体でかつ専門家サポート型「のぞみ野」のまちのマネジメントスキーム

持続性を維持する管理組合法人

のぞみ野は兵庫県姫路市にある293戸の戸建て住宅地である。まちをマネジメントする主体として住宅所有者全員が参加する管理組合法人がある。これは多くの住宅地で、自治会・町内会では全員参加を強制できず、「困った人ほど町内会に入らず、周りに迷惑をかける」実態を多く見てきたからである。管理組合法人がコミュニティハウスを所有し、景観協定の運営、公園の日常管理を行う。任意参加の自治会の限界とともに、日本ではマンションと異なり、戸建て住宅地で住民が共有物を持つ場合の登記制度をはじめとした所有制度の不安定さを補完するため、管理組合法人としている。区分所有法団地管理の規定を使い、法に基づく管理組合法人とし、全員参加組織が確実に承継されるようにしている。

マネジメントのサポーターの設置

コミュニティマネージャーによるサービスの提供――まちに求められるサービスはどこでも同じではない。それをすべて行政に依存していたら、行政負担が高くなる。市場で得ようとしたら個人負担が高くなる。そこで、このまちが求めるサービスをこのまちで提供できるようにしている。ゴミ収集後のゴミ置き場の清掃、イベント実施のサポート、防犯のためのまちの巡回など、ワークショップや住民アンケートから得られた「ほしいサービス」を提供するスタッフとしてコミュニティマネージャーがコミュニティハウスに常駐している。また、コミュニティマネージャーは新入居者が住宅地の管理のことを理解できるように、入居時に必ず直接会って口頭で管理の説明を行う。

専門家のサポート――まちを持続可能に運営するために、コミュニティマネージャーとともに、管理会社、景観コーディネーター、マネジメントシステムプロデューサーが管理組合運営をサポートする。開発事業者や管理会社の対応では居住者が「お客さん」として甘え、自立しにくいという現実からマネジメントシステムプロデューサーが住み手の住教育を実施している。具体的には販売時にマネジメントシステムの説明、入居後の管理組合立ち上げまでの月1回の勉強会の実施、定期的な新入居者への管理説明、ウエルカムパックの提供、総会前の勉強会等である。

新たな開発事業者の役割――住宅地の管理は開発時から考え、管理のしやすさもデザインに反映させないと持続可能とはならない。そのため、企画段階から管理担当者が会議に参加し、ランニングコストを抑える具体的なアドバイスをするとともに、空間にあったマネジメントシステムを設定し、それにあった管理規約、契約書、重要事項説明を分譲前から作成している。管理の主体は開発事業者からだんだん住民に移行する体制とし、開発事業者主体時期、移行時期、住民主体時期へと発展させ、住民による持続可能なマネジメント体制構築へと導く。このスタイルは、アメリカのＨＯＡ（Home Owner Association）と、それを支える法律から学んでいる。

収入があがるマネジメントシステム

住民主体で持続可能な活動のために管理組合法人が収入を得る仕組みをもっている。具体的にはコミュニティハウスの店舗賃貸収入と交番への借地料である。英国レッチワースのエリアマネジメントの成功要因分析等より、考えている。

管理したくなるまち

魅力的な道路空間の作り方

魅力的な道で住民が所有・管理――のぞみ野では、電線・電柱の地中化、住宅地内への車の進入を大幅に抑える道路形態とし、安全なまちを目指し、道路敷地と各宅地の敷地の境界線がわからないぐらい一体的に仕上げ、道路は煉瓦舗装、道路内植栽も豊かにし、景観としても美しいものとしている。こうして仕上げた道路は市に移管している。歩く人をわくわくさせるような道路舗装材や、植栽、時にはベンチまでを設置し、魅力的な空間に仕上げる。宅地開発指導要綱にあわないため、市町村に道路の所有権が移管できず、住民管理となってしまう例が多くある。道路すべてなどを行政に移管せず、住民管理とした場合に、管理の荷が重く住民の不満は高い。

これだけ魅力的な道路でありながら、市に移管している。ゆえに、埋設管・地中化した電線・電柱の管理は市である。ここでは住民が道路空間の植栽の手入れやペーブメントの修繕なども含み日常管理を行うことを、市と管理協定として締結している。「道路・公園は所有に係わらず、基盤部分の管理は行政で、舗装材、植栽、ベンチ等の他の住宅地よりも魅力的に作った部分は住民管理」という公民連携型の管理方式を設定した。そのことを行政の担当者が変わっても、確実に行政内でまた住民にも引き継がれるように〈まちかるて制度〉を創設し、住民が確実に管理を行えるように、長期のエリアマネジメント計画を策定し、必要な費用を毎月積み立てている。

魅力的な公園の作り方

購入者を想定し、子育て世代を中心に、地元の住民の協力を得てワークショップを行った。こうして

042　コミュニティハウス（2012年8月、筆者撮影）

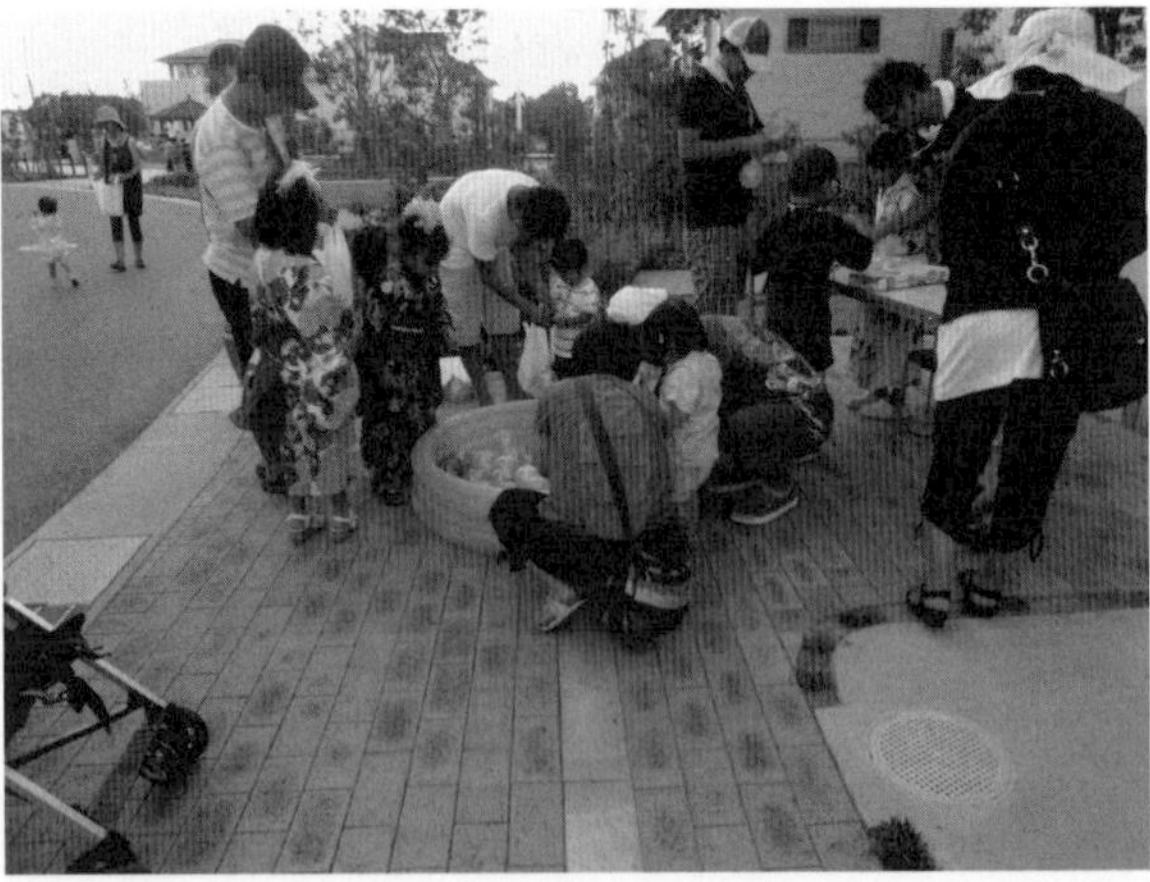

043　道路と宅地部分を一体的に仕上げ、両者にまたがるエリアを使って夏祭りのイベントを開催（2012年8月、筆者撮影）

できた公園も市への移管の問題が生じたが、低木と日常管理を住民が行うことで、市への移管が実現し、魅力を維持するために、まちかるてに記載している。

集会所をコミュニティの拠点に

戸建て住宅地で集会所があっても使わないことが多い。駅から遠い場所に、もっとも誰もいかない場所に作られることが少なくない。集会所を使うために作られるのではなく、開発許可をもらうために作られるようなものである。そこで、「不特定多数が使える公民館としない」「使うルールは使う人たちで決める」「立ち寄りやすい場所とする」「気軽に立ち寄れるようにする」ことが重要になる。

そのため、のぞみ野では、「コミュニティハウス」という名称とし、まちの受付の位置となる住宅地の中央の広い道路沿いでかつ駅や商業施設に近い場所に配置している。使い方についても住民のワークショップを行い、住民意向が高かったキッズコーナーやシアタールームを設けている。

これからのまちづくり

のぞみ野のようなスキームは新規の住宅地には設定しやすいが、既成市街地には困難である。すでに緩やかな既存住宅地型HOAの提案もしてきたが、現行法のなかでは前述の①－⑤の条件を整備できない。また、どのまちでも適用できるわけではない。こうしたまちを実現するための社会基盤の整備と、実践のための仕組みづくりが必要である。

4―2 商店主が牽引する中心市街地再開発――高松市丸亀街商店街

福川裕一

居住地（市街地）には、物理的にも社会的にもたえざる新陳代謝が不可欠である。CMAの役割のひとつは、その新陳代謝がスムースに進行する環境をつくり維持することであろう。それが、適切なマネジメントによって、市場メカニズムのなかで無理なく進むのなら問題ないが、スタートラインに立つために物理的な「再開発」（保存を含む広義）が必要なケースも少なくない。しかし現状では「再開発」は、大手デベロッパーによる地域にそぐわない大規模開発になるか、まったく開発がなされないか（相手にされないか）、二者択一である（とくに地方では後者）。その場合、コミュニティそのものに、つまりCMAにデベロッパー機能が期待される。

コミュニティじしんがデベロッパーになり持続的にマネジメントを継続することは、ハワードの田園都市以来追求されてきた。現下の日本では、そのようなコミュニティに根ざしたデベロッパーを「街づくり会社」と呼んで中心市街地再生に経験が積み重ねられつつある[★1]。その代表的事例として高松市丸亀町商店街を紹介しよう[★2]。

高松市丸亀町商店街は、香川県の県庁所在地・高松市の中心市街地にある一番商店街である。城下町から続くメイン・ストリートで、全長470m、北の札の辻から、道を挟んだA－Gの7街区がある。

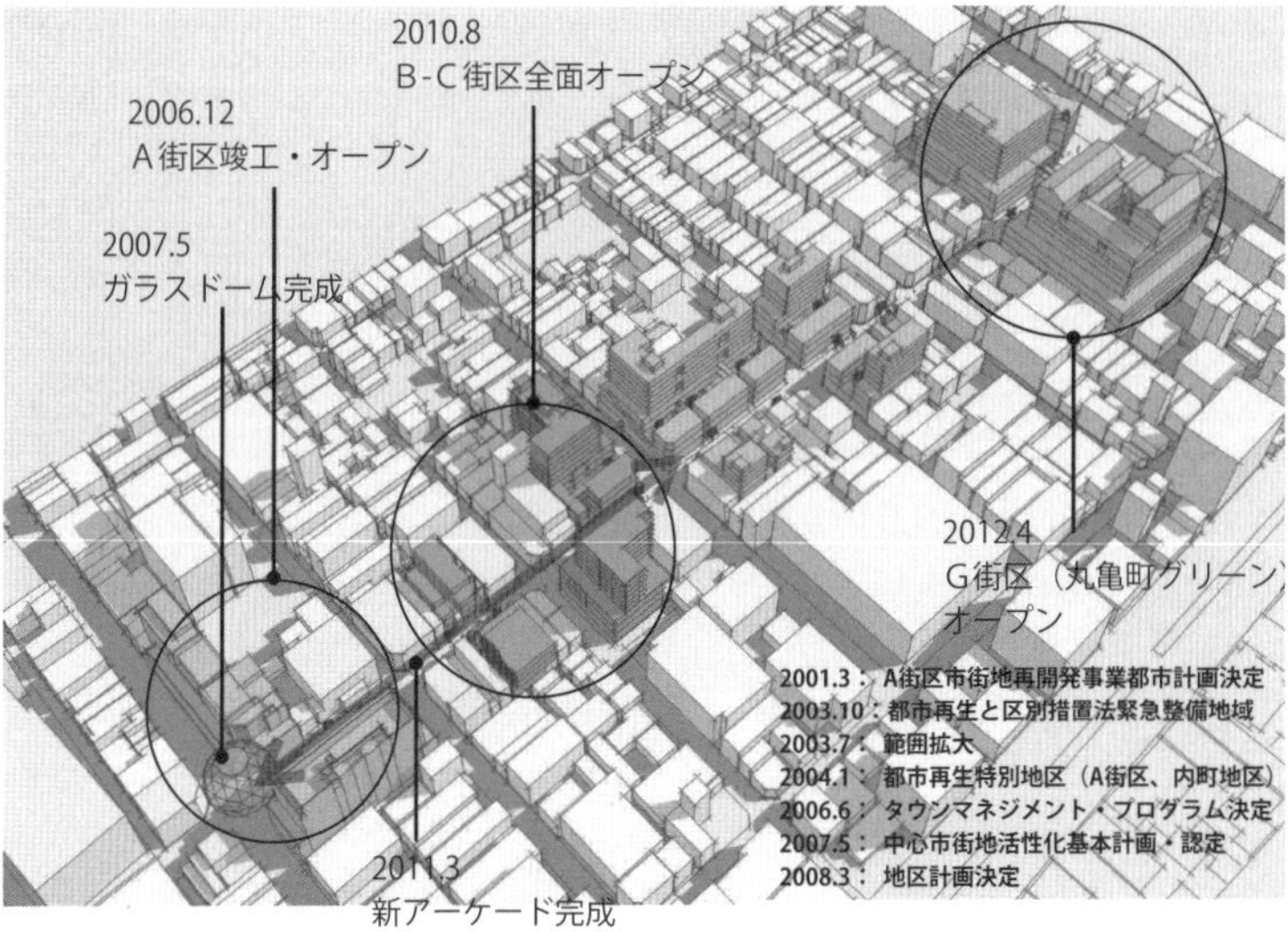

044　高松丸亀町再開発の進捗プロセス（筆者作成〔原図：シープネットワーク〕）

この老舗商店街も、相次ぐ郊外開発に危機感を覚え、1988年の四百年祭をきっかけに、次の百年も生き延びられる商店街をめざし再開発に乗り出した。紆余曲折の後、2006年12月にA街区の市街地再開発事業が竣工。翌年5月、札の辻に、新しいA街区の建物に架けるかたちで、直径25mのガラスの大ドームが完成し、高松市中心市街地でもっともホットなイベント空間が生まれた。次いでB、C街区で小規模連鎖型再開発というコン

045　かつての札の辻に建設された広場とガラスドーム（筆者撮影）

セプトで、希望者が共同ビルを建てる事業を進め、2011年4月、建物の更新が一段落したA―C街区に、全長100mのガラスのアーケードが竣工した。高さは、従来のアーケードの2倍の22mあり、これまでの商店街のアーケードのイメージを一新した。さらに2012年4月に一番南のG街区の再開発が完成[★3]、現在も、その他街区で再開発を行う準備が進んでいる。

この再開発の特徴は何か? たとえばドームは、A街区の43人の地権者が共同建て替えすることで生み出された広場の上に載っている。土地の所有権は建て替え前後で変わっていない。つまり、ドームの一部は私有地の上に建っている。地権者たちは地割り線をいったん実質的に帳消しにして、その上に美しい町並みと豊かな公共空間を生み出すよう建物を配置したのである。その建物を所有し運営するのが、地権者たちが設立した街づくり会社である。上が建物の地権者も、上が広場の地権者も、同じように街づくり会社から地代を受け取る。すなわち、地権者たちは、個別所有を超え、土地を共同利用することで美しい町並みと、客を上層階まで導く合理的な床を実現することで、街の再活性化と土地の価値を高めることに成功した。

もう少し正確に言うと、A街区は都市再開発法にもとづく市街地再開発事業による建て替えである。再開発事業では、権利者が再開発組合をつくり、ビルを建て、キーテナント等へ床を処分して工事費を捻出する(このような床を保留床とよぶ)。権利者は土地と従前建物を等価交換し新しい建物に権利床を得る。一般的な再開発と異なるのは、丸亀町では土地の権利には手をつけず、保留床は権利者が設立した街づくり会社が購入し運営している点だ。街づくり会社は土地を定期借地し、地権者へ地代を支払う。地代は、街づくり会社の収益と連動する契約で、地権者もリスクを負う。街づくり会社の資金は、中心

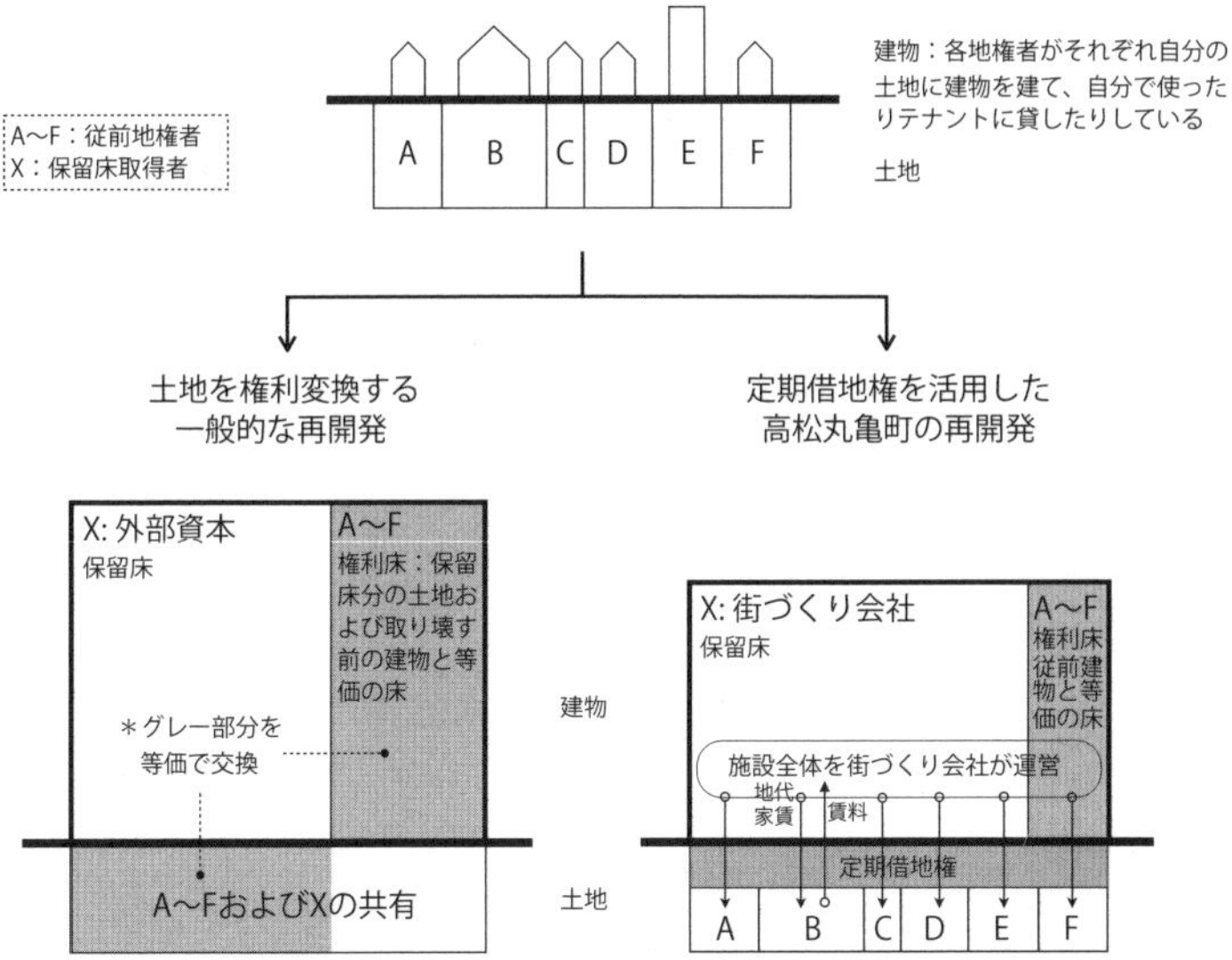

①都市再開発法にもとづき、地権者（A〜F）が再開発組合を設立。組合は、補助金等を活用し、基本計画の立案、基本設計、権利変換計画の作成、実施設計、工事を行い、最後に床（保留床）を売却して工事費等を回収し解散
②売却先（保留床取得者：X）は、大手流通会社、不動産デベロッパーなどの外部資本
③地権者は保留床分の土地および取り壊す前の建物と等価の権利床を取得（権利変換という。この場合は土地も権利変換する）
④保留床取得者、地権者はそれぞれの床を運営
⑤土地は従前地権者と保留床取得者の一筆共有となる

①左と同じ。ただし権利変換計画は、土地を権利変換しない方式で立案
②保留床の売却先（X）は地権者等が設立した街づくり会社、同社は、中心市街地活性化の補助金と中小企業高度化資金（長期無利子融資）などを活用して保留床を購入
③地権者は取り壊す前の建物と等価の権利床を取得（左と異なり土地は権利変換しない）
④街づくり会社が、権利床とあわせて施設全体を運営。地権者へ地代・家賃を支払う、新しいビルで店舗を営みたい地権者は他のテナントと同様賃料を支払うが、地代と相殺になる（上図Bさん）
⑤土地所有は従前と変わらない

046　高松丸亀町再開発のスキーム　この図解は商業ビルのケース。左の「一般的な再開発」は都市再開発法で原則型と呼ばれる方式に基づいている。なお、実際の高松丸亀町再開発では分譲住宅があり、保留床取得者（X）には分譲住宅購入者が含まれる（筆者作成）

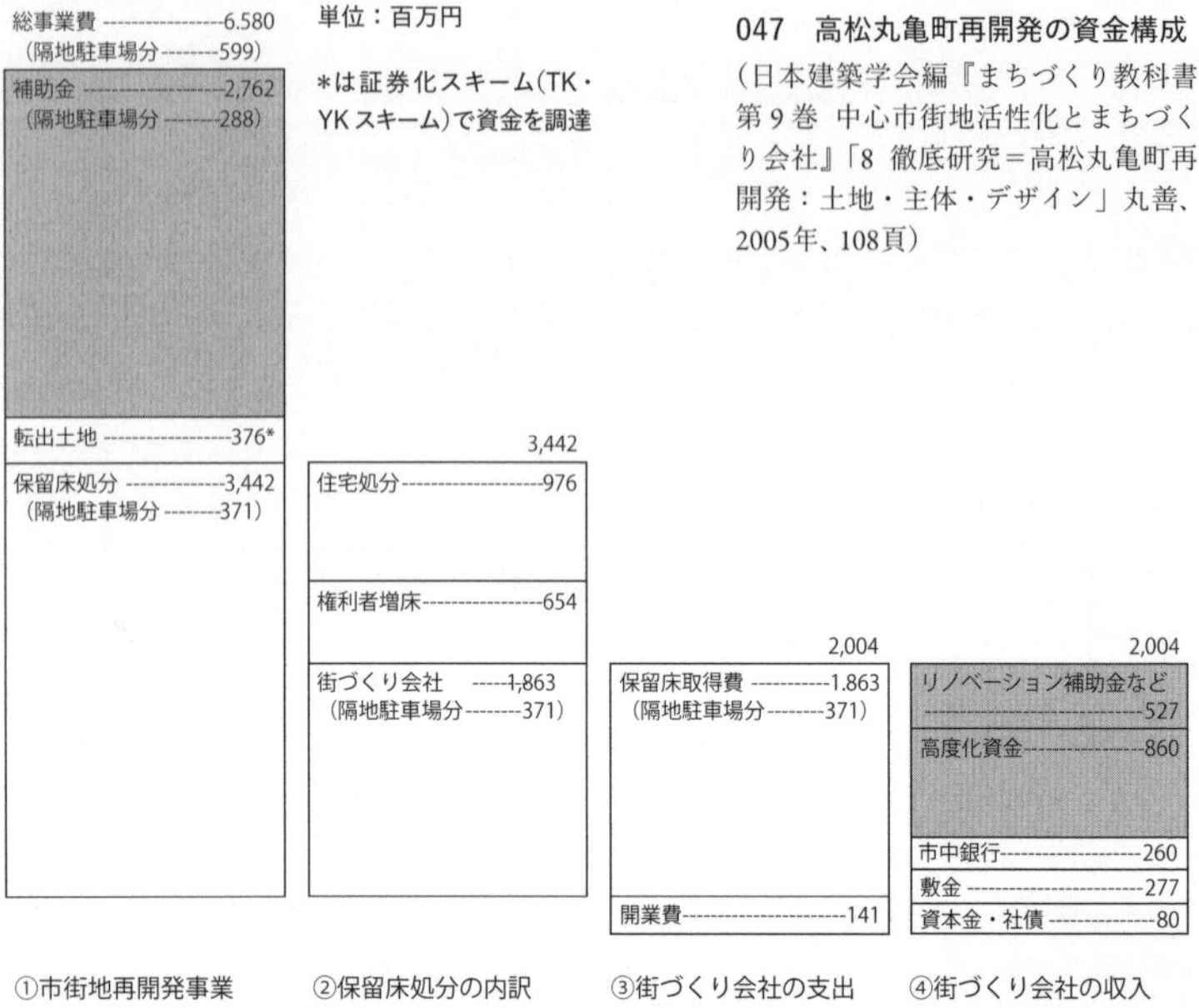

047　高松丸亀町再開発の資金構成
（日本建築学会編『まちづくり教科書第9巻　中心市街地活性化とまちづくり会社』「8 徹底研究＝高松丸亀町再開発：土地・主体・デザイン」丸善、2005年、108頁）

市街地活性化の戦略補助金と高度化資金が主で、従前建物の補償金は、新しいビルの権利床として再投資してもらうことを原則とし、街づくり会社はこの床も含め全体を運営する。

実際には、ビルの運営は、商店街振興組合が設立した「高松丸亀町街づくり会社」に委託している。この会社は商店街全体のマネジメントを行う会社で、丸亀町には都合、三種類の街づくり会社が存在する。①エリアマネジメントを行う会社、②街区ごとの、ビルを所有する会社、③新しいビルでレストランなどさまざまな事業を展開する会社[★4]。

中心市街地の再生には地域全体の「創生」を牽引する役割が期待される。すなわち、地域独自のライフスタイルを支え・育み・強め・発信する拠点として、痛んだまちなかを快適な場所、住み良い街へ再生し（「まちなか」をデザインコードに従って連鎖的に開発し〔あるいは保全し〕）、地域に必要な市民サービスを充実するとともに、そこにその地域固有のライフスタイルに根ざした産業を興し、地域全体の風土に根ざした内発的産業の発展（ライフスタイルのブランド化）を牽引していくことが基本戦略である（クリエイティブ・タウンモデル）［★5］。それを上記のような街づくり会社を組み合わせ実現しようとしている。

高松丸亀町商店街では、都市再開発法と中心市街地活性化法を主要なツールとして「使いこなした」。しかし、たとえば高度成長期に組み立てられた都市再開発法は「高規格志向、大規模志向、整形志向」を捨てきれず、人口減少時代に適合が難しい。これを、地区計画の充実と、地区計画を実現するための事業制度へ転換する必要がある。このような状況に対する国の制度転換は徐々にだが進んでいる。2016年の都市再生特別措置法と都市再開発法の改正［★6］（定期借地方式でも全員同意不要、施行区域内に既存建物の存置が可能になった）は、そのような転換の第一歩になるかもしれない。

註

★1　石原武政『商業・まちづくり口辞苑』碩学舎ビジネス双書、2014年／日本建築学会編『まちづくり教科書第9巻　中心市街地活性化とまちづくり会社』丸善、2005年。

★2　福川裕一「中心市街地再生の試み　高松市丸亀町再開発が意味すること」『季刊まちづくり』23（0906）号、2009年／「高松丸亀町商店街地区におけるエリアマネジメント」『ジュリスト』1429号など。

★3　G街区のスキームはABC街区と異なる。田中敏行、貝島雄太「高松丸亀町商店街G街区第1種市街地再開発事業における地権者法人「丸亀町グリーン」による保留床、権利床の一体的運用のスキームについて」『市街地再開発』508号、2012年。

★4 ライフスタイルショップ「まちのシューレ963」を運営する一般社団法人讃岐ライフスタイル研究所など。

★5 福川裕一、城所哲夫『〈まちなか〉から始まる地方創生――クリエイティブ・タウンの理論と実践』岩波書店、2018年。

★6 都市再生特別措置法等の一部を改正する法律(法律第72号、平成28年6月7日)。

4―3　地域組織による都市資産のマネジメント――柏市柏の葉地区

出口敦

柏の葉アーバンデザインセンター（UDCK）の取り組み

柏の葉地区では、2005年に開通したつくばエクスプレスの柏の葉キャンパス駅を中心とした区画整理事業区域（約270ha）を含むエリアでの都市開発が進んでいるが、2006年11月に設立された柏の葉アーバンデザインセンター（UDCK）が中心となった様々な先進的な取り組みが行われている。

UDCKは、行政の外郭団体ではなく、柏市、三井不動産、柏商工会議所、田中地域ふるさと協議会、首都圏新都市鉄道、同地区内にキャンパスを持つ東京大学、千葉大学の構成7団体による「公・民・学」連携の体制で、中立的で自立的な組織として運営されている。2017年1月現在、5名の専任ディレクターが常駐し、都市デザイン・マネジメントに関わる様々な活動に従事している。

UDCKによる公共空間のデザイン・マネジメント

地域の都市資産の管理につながる先駆的な取り組みとしては、UDCKが行っている駅前広場、道路、調整池といった公共空間の管理（マネジメント）が挙げられる。公共空間の管理を担う組織となるには、その前提として、法制度上の位置づけも重要である。

UDCKは当初、任意団体として発足したが、2011年12月には一般社団法人UDCK（以下、一社UDCK）を設立した。すなわち、任意団体としてのUDCKに加え、一社UDCKが併設されており、まちづくりを業務とする法人格を持つ組織として、一社UDCKは2014年1月に柏市より都市再生特別措置法に基づく都市再生推進法人に指定された。

048　柏の葉キャンパス駅西口（筆者撮影）

同法人制度を活用し、2014年4月に再整備が竣工した柏の葉キャンパス駅西口の駅前広場（面積約4900㎡）と駅前通り（全体幅員約30m、歩道幅員片側7m、延長約190m）の管理に関して、柏市と一社UDCKとの間で道路全体の管理に係る役割分担を定める任意協定を締結した。全国でも数少ない、協定により民間組織が道路等の管理者となる事例の一つと言える。

一社UDCKが管理を担うこととなった結果、駅西口の広場と駅前通りの再整備において、駅前広場に欅の木が多く植えられるなどの緑化と共に、都市再生特別措置法に基づく道路占用許可の特例を適用し、地元で管理することを条件に歩道上にウッドデッキと屋外ソファー等の設置が認められた。

この協定では、一般の道路付属物（舗装、樹木、照明等）の既設施設分は市が維持・修繕を負担し、高質化された部分とデッキ、ベンチ、ファーニチャ等の道路占用物については一社UDCKがその維持・修繕を負担すると共に、常時巡回・監視等を担うこととなっている。また、維持・修繕費に充当するために一社UDCKは道路上でのイベント等を通じて使用料を徴収できることとなっている。ただ、これらの広場や道路の維持・修繕費に充てる安定的な財源がないために、別途、一社UDCKと沿道の地権者である三井不動産との間で維持管理分担協定を締結し、維持管理費については三井不動産が負担することとしている。柏市・一社UDCK間の協定と、一社UDCK・三井不動産間での協定のそれぞれの協定締結により、地元民間組織である一社UDCKが駅前広場や道路といった公共空間の維持管理と利活用を担うことが可能となった。その後、同協定に基づく一社UDCKによる維持管理と利活用の下で、駅前広場や歩道上を利用した大規模なイベントを実施するなど、賑わい創出に寄与する公共空間の利活用が進められている。

また、公共空間の維持管理とは直接は関係ないが、一社UDCKは、2013年7月に景観法における景観整備機構にも指定されており、柏の葉地区の景観ガイドラインの策定や運用の支援なども担っている。

2016年には、柏の葉キャンパス駅北側の国道16号線沿道の街区内に位置する面積約2・3haの2号調整池を散策やレクリエーションができる環境を備えたオープンスペースの機能を伴う調整池として整備することについて、関係者間で合意され、調整池の管理者である柏市と一社UDCKが協定を締結し、一社UDCKが2号調整池を管理することで実現した。通常はコンクリート3面張りで、景観にも配慮されない雨水の調整機能のみの空間であったものが、内部の斜面が緑化され、池の中には噴水が設置されるなど、修景された散策できるオープンスペースとして整備されることとなった。2号調整池は

049　柏の葉アクアテラス（筆者撮影）

通称「アクアテラス」と呼ばれ、２０１６年11月に公開され、すでに来訪者の散策やレクリエーションの場として利用されている。

また、アクアテラスの維持管理費は、調整池に道路を介して面する土地所有者が協議会を組織し、土地所有者からの負担金を協議会が取りまとめ、その負担金を原資としてＵＤＣＫが維持管理等を執り行うこととしている。

一社ＵＤＣＫという地元民間組織が地元自治体との協定締結により、公共空間の整備（デザイン）や維持管理と利活用（マネジメント）を担う仕組みは、道路や公園等の公共空間、都市インフラ、公共施設などの都市資産を地域社会の協力を得ながら非営利団体が維持管理や利活用を担う先駆的なモデルとして捉えることができる。

マネジメントの方策と課題

一社ＵＤＣＫによる先駆的な公共空間の維持管理（マネジメント）の取組みを通じた課題としては、地元住民などの関係者の参加をいかにして拡充していくかといった点に加え、維持管理コスト削減のための効率化や公共空間と隣接する私有地（私有財産）を一体的に維持管理することによる効率化が挙げられる。

また、緑化の費用便益の考え方を見直す必要がある。さもないと街路樹などない殺風景な道路のほうが維持管理コストが安く、楽なことから、街から次々と街路樹が消えていくこととなってしまう。そのため、街路樹など緑の増加が自治体や地域にとって維持管理コスト高・負担増となり、収益につながらない現在の維持管理の制度を見直す必要がある。例えば、街路樹のある沿道の土地の環境的価値の高さを経済的な価値として認識できるように路線価に反映させるなどの抜本的な改善が必要かもしれない。

すでに、柏の葉キャンパス駅前まちづくり協議会による定期的な清掃活動などが実施されているが、地元住民や事業者、従業者などの参加を促すことも重要であり、すべて金銭で賄うには限界がある。植栽管理などの専門的な知識や技術が求められる維持管理についても、ある程度担える専門家を地元で育成することも重要である。

先駆的な取り組みがさらに全国に増え、実践から得られる知見を積み重ねることで、行政が維持管理するのが当たり前と思っていた公共空間を地域社会の手によって再生し、利活用することで魅力的な地域の環境創出につなげていく仕組みが今後進化していくことに期待したい。

註
★1　ＵＤＣＫの活動内容については、ＨＰ（http://www.udck.jp/）をご覧ください。
★2　三牧浩也「柏の葉キャンパス駅西口地区――市と地域の協定に基づく道路管理の枠組み」『都市計画』63巻6号（312号）、日本都市計画学会、2014年。

4―4 NPOによる住宅地開発――アメリカのCDC

田島則行

アメリカでは1970年代から80年代にかけて、都市のスプロール化の影響もあり中心市街地だけでなく、郊外の住宅地なども荒廃に直面した時期があった。政府による直接的な補助金の投下によって既存市街地を再開発するのではなく、少ない資金の投下で大きな成果を挙げられるよう、「小さな政府」による間接的な補助によって住民活動を支援するあり方が模索された。この試みが次第に仕組みとして成長し、80年代から住民を主体にした動きが活発化し、90年代以降には住民主導の都市再生が次々と成果を挙げるようになった。

この成果の立役者となったのが、非営利法人の一種である「コミュニティ開発法人」(Community Development Corporation、以下CDC)である。上記のように、都市の衰退や荒廃の問題を解決しようとするなかで生まれた組織形態である。

今日では、全米で4500を超えるCDCが活動をしている。小さな都市でも5―10程、大きな都市では50―100ものCDCが、それぞれ異なった特徴を活かしながら連携し、第三の公共的な存在として都市の維持・再生を担っている。

CDCが誕生した経緯——NY市のサウス・ブロンクスの荒廃と再生

050　廃墟となった1980年頃のシャーロット・ストリート
（出典：“Wolfen”〔1981〕: A Cool Look Back at NYC Transportation Infrastructure, <http://www.streetfilms.org/wolfen-1981/>）

CDCの誕生の経緯を知るうえでは、ニューヨーク市サウス・ブロンクスの事例［★1―5］がわかりやすい。70年代のアメリカでは、どの都市においても荒廃が同時代的な問題であったが、サウス・ブロンクスほど極端に荒廃し見事に再生された都市はない。50年代には人口44万人であったが70年代の終りには激減して20万人を切るまでになった。治安は悪化し、建物は見捨てられ次々に住民が退去してしまう。不動産を売るにも売れなくなり、オーナーは火災保険だけでも確保しようと放棄する直前に火を放ち、サウス・ブロンクスのいたるところで火災が発生し、毎日のように消防車が走り回る事態となった。ニューヨーク市政は都市を計画的に縮小しようとするが、再開発などを計画しようとすればするほど、結果的には既存建物の大規模解体に手を貸すこととなってしまい、街の雰囲気や治安を悪化させて混乱を増長することになってしまった。

そんななか、いくつものCDCが設立され、互いに影響を与え合いながら都市再生を行っていった。サウス・ブロンクスで活

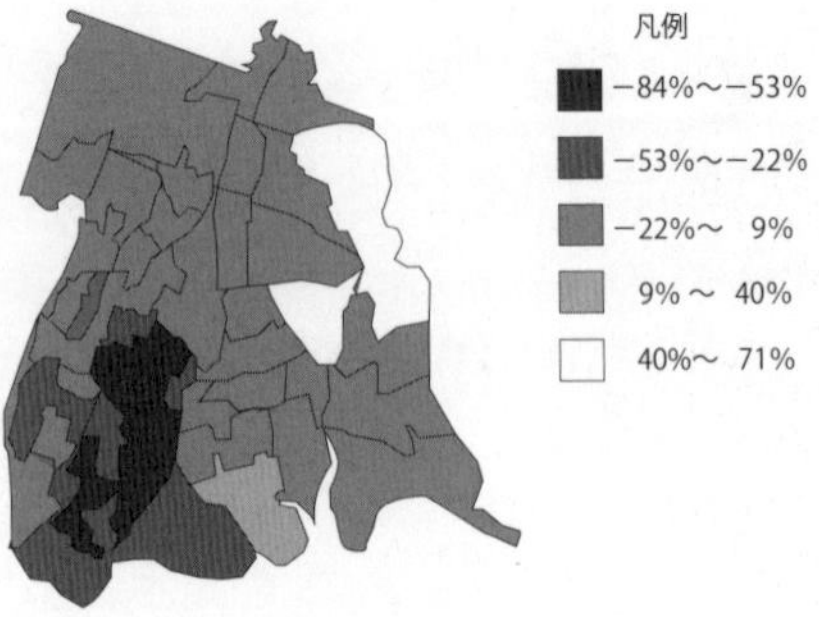

051 ブロンクスにおける1970-80年の人口の変化

（出典：Deborah Wallace, Rodrick Wallace, "Scales of Geography, Time, and Population: The Study of Violence as a Public Health Problem," American Journal of Public Health Vol. 88, No.12 , pp.1853-1858, December 1998 の p.1855, Figure 2より筆者作成）

躍してきたCDCとしては、バナナ・ケリー地区コミュニティ開発組合（Banana Kelly Community Improvement Association）やMBDコミュニティ住宅会社（Mid Bronx Desperados Community Housing Corporation）がよく知られている。

これらの組織は、政府からの補助金を受けながらも、非営利法人として不動産を起点とした資金スキームを確立し、そこにフォード財団（後に資金助成団体のLISCを設立し全米に展開）などの資金的援助も加わり、80年代の終りには各々は小さな組織でありながら、次々と既存の集合住宅の再生や新規の集合住宅を開発して都市再生を推進し、90年代にはサウス・ブロンクスの人口も最盛期の3分の2まで回復するようになった。

CDCの活動を支える仕組み

CDCの活動がどのような仕組みで可能になるか、その特徴を整理すると、以下の7点に集約できるだろう。

①**〝右肩下がり〟の都市状況が基本である**——不動産価値が下落し金融機関も投資するには危険区域として敬遠してしまうような、行政も民間のデベロッパーも手出ししない右肩下がりの状況で機能する仕組みである。

②**限定された範囲に絞った地域性を尊重**——住民による地に足の着いた

「小さな運動から大きな波及効果」［★6］を狙い、活動するエリアを広げずにコミュニティの繋がりが保てる範囲内で活動し、既存のコミュニティという地域資源を最大限活用した地域の再生を行う。

③ **〝ただ〟同然、あるいは価値の下落した不動産から始める再生**——不動産を格安（税金滞納で差し押さえられていた物件など）で手に入れて事業のイニシャルコストを抑えてリスクを低減。

④ **〝スウェット・エクイティ〟による住民自らのDIYで再生**——建物の再生工事は、住民自らが汗をかいて（スウェット）DIY工事を行い、働いたぶんだけ部屋の所有権（エクイティ）を取得できる仕組みを考案し、大手デベロッパーでは不可能な低コストで再生。

⑤ **補助金ではなく、家賃補助による弱者支援**——CDCが開発した住宅に入居する住民に間接的に家賃補助（住宅・コミュニティ開発法1974：セクション8）を行うことで、開発に実際にかかった改修コストに相当する家賃より〝安く〟貸し出しができるよう工夫し、衰退地域でも長期にわたる安定した家賃収入が可能になった。

⑥ **タックス・クレジット（税制控除）の仕組みで資金調達**——政府が認めた基準による低所得者層の住宅建設に必要な資金については、そこに出資した企業には、〝低所得者用住宅向けタックス・クレジット〟(Low-Income Housing Tax Credit：LIHTC）を利用した税制控除を行うことができる法整備を行った。リスクがあっても投資するインセンティブが生まれ、税制控除分だけでも十分な利回り相当として計算でき、多額の資金が調達可能になった。

⑦ **様々な組織、様々な専門家がCDCの活動を支援**——大学や研究支援センター、財団など様々な専門家が支援し、組織の設立から運営、プロジェクトの遂行から資金調達、さらにはスタッフのトレー

ニングまで、CDCを新しく設立したり成長させたりするための環境が整備された。

日本における住民主導の地域開発の可能性

日本でも、アメリカのCDCについては90年代に平山洋介[★7]や林泰義[★8]らによって、新しい時代のNPO法人の一種として活発に議論されたこともあった。しかし、その仕組みが大きく普及するに至らなかった理由はいくつか考えられる。まずはその当時、「縮小」や「衰退」という問題が日本ではまだ身近な問題として捉えられていなかったことから、CDCの強みが正しく理解されてこなかったこともある。また、住民が主体となって推進していく「住民主導」の社会活動のあり方もまだ普及していなかった。

しかし、2000年代以降になると、日本でも社会的な状況が大きく変化し、90年代頃とはまったく正反対の環境になってきた。少子高齢化や限界集落などの問題は、頻繁に報道番組等で特集され、住民自ら行動を起こ

052　CDCの仕組み
(筆者作成)

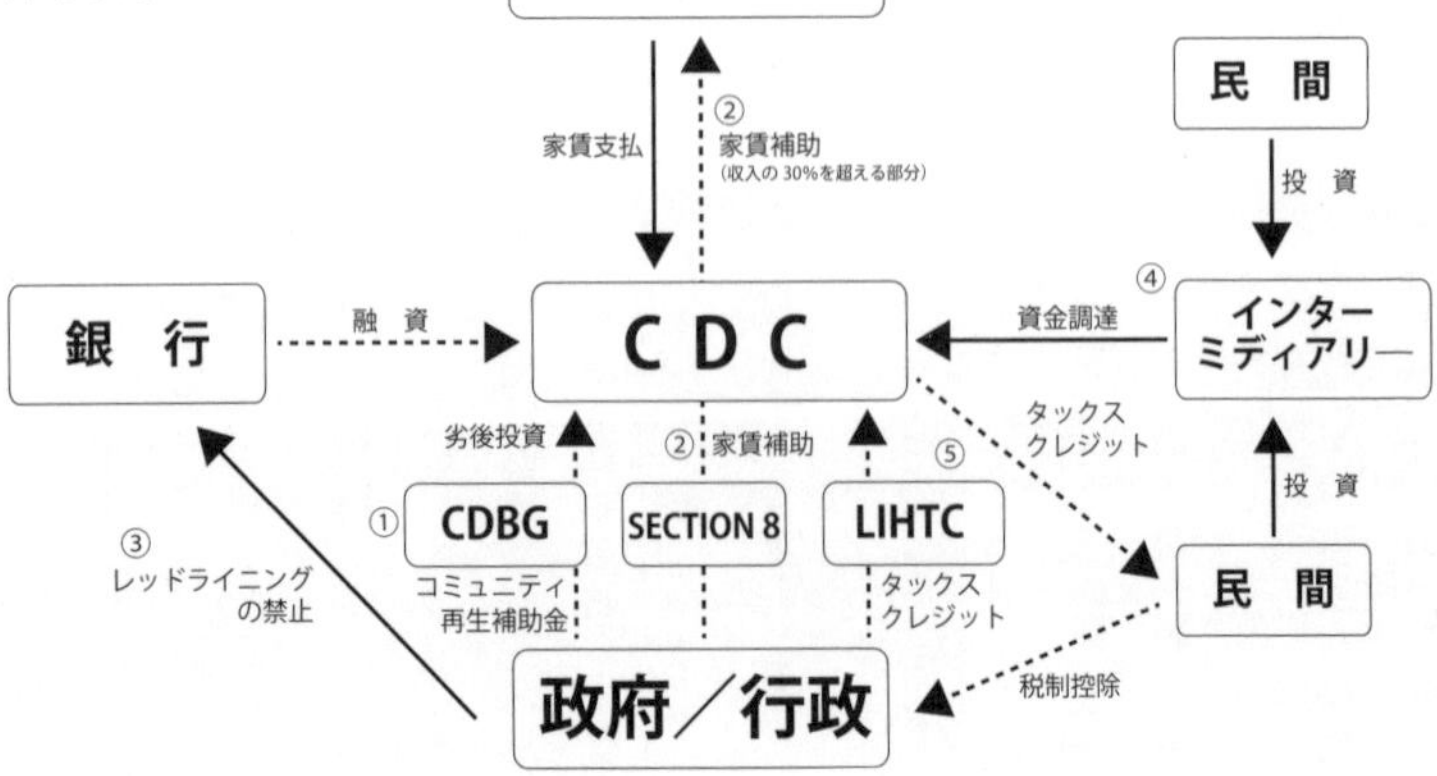

して社会貢献することの必要性も一般に理解されはじめている。また、右肩下がりを前提とした〝社会モデル〟の確立が求められており、この点においては、40年前のアメリカが直面した問題意識を共有できる段階になってきたと言えるだろうか。いよいよCDCの仕組みの有効性を理解し、今後の日本のための実践に活かしていける環境が整いつつある。

ただし、アメリカにおけるタックス・クレジット（税制控除）のように、衰退地域への投資を促すような金融制度の〝仕組み〟がまだ確立されていない。そういった工夫がなければ公的資金であれ民間資金であれ、将来性が高い地域へと投資が流れてしまい、衰退地域へは投資が集まらずに見捨てられてしまうことになる。

註

★1　ロバータ・B・グラッツ『都市再生』林泰義監訳、富田靭彦、宮路真知子訳、晶文社、1993年。

★2　Alexander Von Hoffman, *House by House, Block By Block – The Rebirth of America's Urban Neighborhood*, Oxford University Press, 2003.

★3　Evelyn Gonzalez, *The Bronx*, Columbia University Press, 2004.

★4　Jill Jonnes, *South Bronx Rising, The rise, fall, and resurrection of an American city*, Fordham University Press, 2002.

★5　Harold DeRienzo, *The Concept of Community, Lessons from the Bronx*, IPOC di Pietro Condemi, 2008.

★6　ロバータ・B・グラッツによれば「Thinking Small in a Big Way」という考え方になり、アレクサンダー・ヴォン・ホフマンによれば「House by House, Block by Block」という言い方になる。

★7　平山洋介『コミュニティ・ベースト・ハウジング――現代アメリカの近隣再生』ドメス出版、1993年。

★8　林泰義、小野啓子ほか『NPO教書――創発する市民のビジネス革命』財団法人ハウジングアンドコミュニティ財団編、風土社、1997年。

4—5 都市の減量を決められる基礎自治体の規模——モデル的検討

中川雅之

地方都市の将来像

1人あたり歳出総額と人口の関係

まず現在日本が経験しつつある、人口減少、少子高齢化が都市経営にどのような影響を及ぼすかを描写する。市町村における基礎的なサービスの提供には、資本集約的な技術を用いるもの（住宅や施設等の公共財）と労働集約的な技術を用いるもの（介護・福祉サービス等）がある。前者は固定費用が大きな割合を占めるため、サービスの供給量が少ないうちは平均費用が低下するが、ある閾値を過ぎて供給量が増えると平均費用も増える、U字カーブを描く。図053は、市町村別の1人あたり歳出総額（対数値）と人口（対数値）の散布図であるが、本稿の分析でも、人口7万人規模を境としてU字形が観察された。さらに、これを人口密度（対数値）でみても、変化率が逓減していく、右下がりの形が観察される（図054参照）。これは集積の経済を示すものと受け止められる。

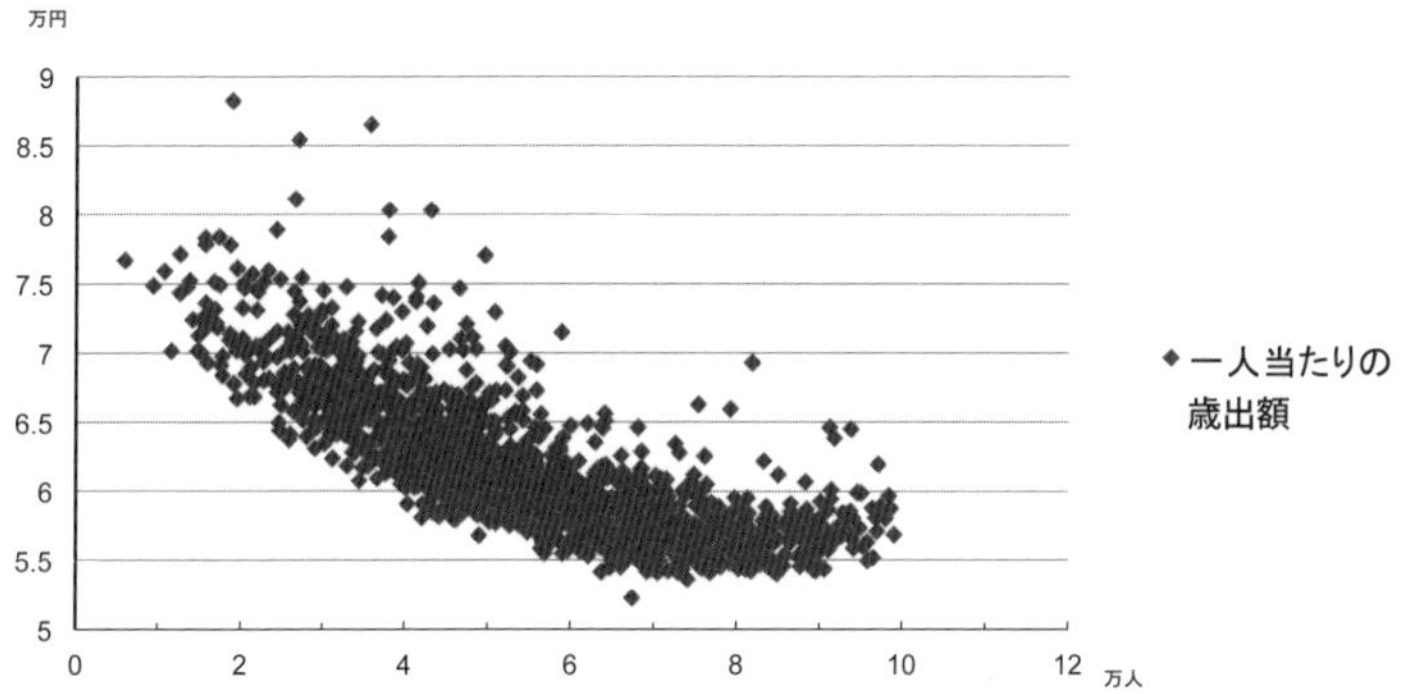

053　1人あたりの歳出額と人口規模

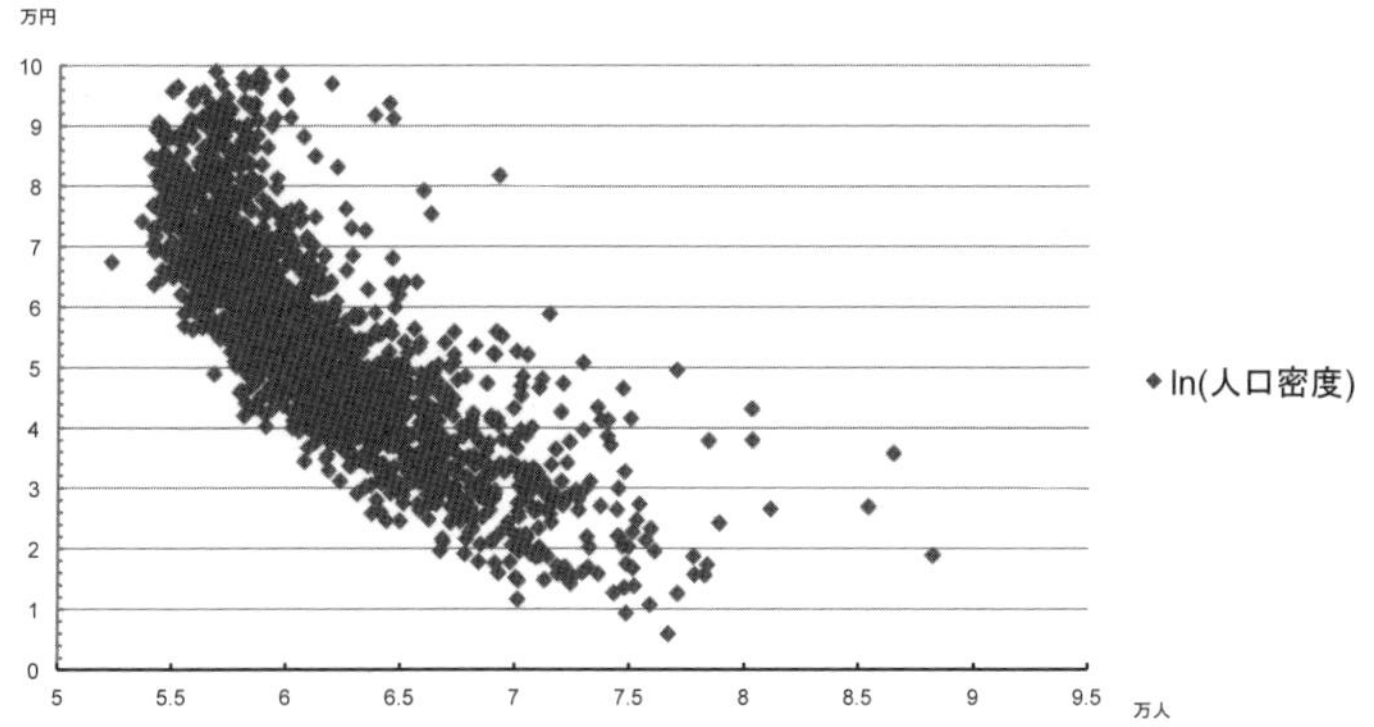

054　1人あたりの歳出額と人口密度

（出典：上下とも総務省「平成17年市町村別決算状況調」、国土地理院「全国都道府県市区町村別面積調」、総務省「平成17年国勢調査」をもとに筆者作成）

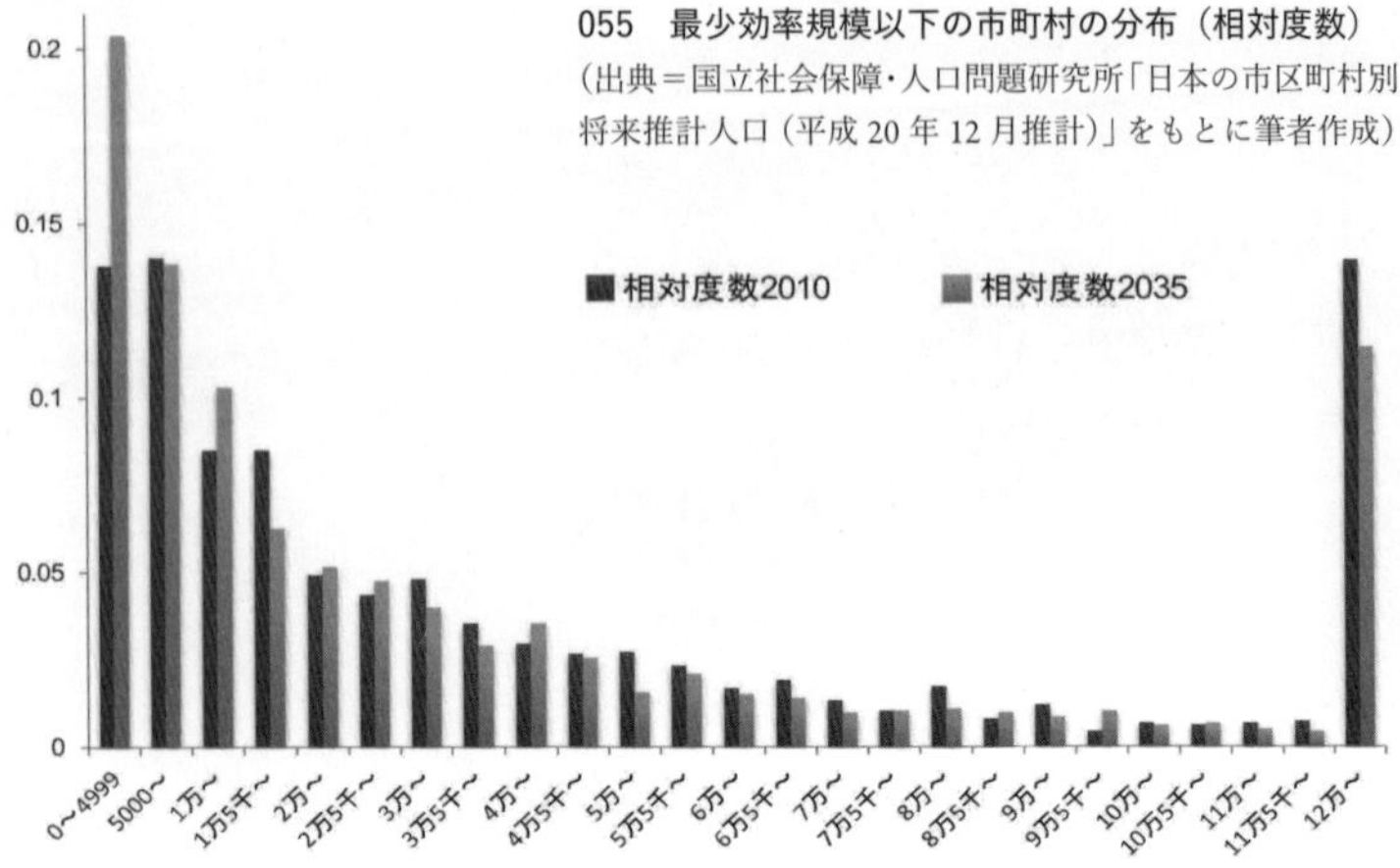

055　最少効率規模以下の市町村の分布（相対度数）
（出典＝国立社会保障・人口問題研究所「日本の市区町村別将来推計人口（平成20年12月推計）」をもとに筆者作成）

将来展望

次に、市町村の人口規模、密度に関する将来展望の描写をする［★1］。先行研究が示すところによれば、1人あたりの歳出額が最小となる人口規模は12万人程度であるが、図055が示すように人口規模5000人未満の小さな市町村が最も大きく増える。図053の人口規模と1人あたり歳出額の関係が示すように、これは、最も非効率なサービスの提供しかできない市町村が大きく増加することを示す。つまり、人口減少、少子高齢化は日本の都市経営の効率性を大きく弱体化させるおそれが高い。

紙幅の都合上、詳細は省略するが、人口密度についても同様のことが言え、最も集積の経済を発揮しにくい市町村が大きく増加することになる。

どのような対応が考えられるのか？

人口減少や少子高齢化に伴うショックに対して、

・「より大きな政府化」することを許容する
・都市政策により大きな財政資源を配分する

という対応は、理論的にはもちろんある。しかし、供給能力が長期的に低下するなかで、民間部門との間、政府部門内でマイナスサムの奪い合いをすることはあまり生産的ではない。このため地方都市において、どのように行政コストを抑制できるかを探ることが求められよう。平成の大合併のように規模の利益を追求する動きもその一つである。しかし図054から明らかなように、市町村全体で一定の規模を確保したとしても、集積が低下した場合には、効率性が低下することになる。

移転・統合費用の存在に伴うゆがみ

居住地の集約や公共施設の共同利用、あるいは地方の行政単位を越えた公共施設管理、行政サービスの提供の共同化を行うことは有意義だ。それではこのような共同化や、公共施設の集約化は、どのような効果を持ち、それを促進するためにどのような課題があるのだろうか。モデル的な検討をしてみよう。

いま、初期人口が100人である二つの都市A、Bがあり、2都市とも公共施設から住民1人あたり10の行政サービスを受けるが公共施設維持管理のために毎期500の費用が発生すると仮定する。さらに、都市Aにおいては毎期10%の人口減少が生じると仮定しよう。さらに、施設の初期費用は支出済みと仮定する。この条件の下で、都市Aの住民に公共サービスを提供する際の費用便益を分析すると、［各期の便益－費用］は［1人あたり便益×都市A人口－公共施設維持費用］となる。これを人口で割った［1人あたり便益－公共施設維持管理費用の1人あたり負担］は都市Aに住むことの経済的価値である。これは付値地代［★2］と言う。

図056は場合別の都市Aの付値地代の年次変化を表す。「移転・統合なし1」は、住民は移転せず、公

共施設をそのまま存続させた場合である。人口減少に伴って1人あたりの負担が重くなるため、急速に付値地代が低下する。「移転・統合あり（費用0）」は、公共施設を初年度に統合して半減させ、都市Aの住民はBへ移転するとして、そのための負担が0の場合を、これ以降に行われる比較のための仮想的な出発点として示したものである。この場合、公共施設の維持管理費用は両都市で負担できるため、常に「移転・統合なし1」よりも上方に位置する。この二つのケースを比較すると、後者の付値地代がすべての期において高いため、都市Aの住民は公共施設の統合に賛成する、あるいは都市Bに移転するインセンティブを有している。

では、公共施設統合や都市間の住民移転に発生する費用が発生する場合に都市Aの住民のインセンティブはどのように変化するだろうか。この費用を4とし、これをすべて、0期にAの住民で全額負担するとすれば、付値地代は「統合・移転あり（費用4）」のように下にシフトするが、0期から3期までは「移転・統合なし1」の付値地代が上回っているために、都市Aの住民は4期の世代になるまで移転・統合の利益を得られないことになる。つまり、これは移転・統合の費用を軽減する何らかの仕組みがない限り、統合・移転は先送りされることを示唆する。公共施設の費用を両市で負担した場合（「移転・統合なし2（補助あり）」）は、先送りの程度が悪化する。

地域間の利害調整に伴うゆがみ

前項でのシミュレーションは、AとBという異なる自治体を前提にしている。では、AとBが一つの自治体内の二つのコミュニティだとすればどのようなことが起こるだろうか。

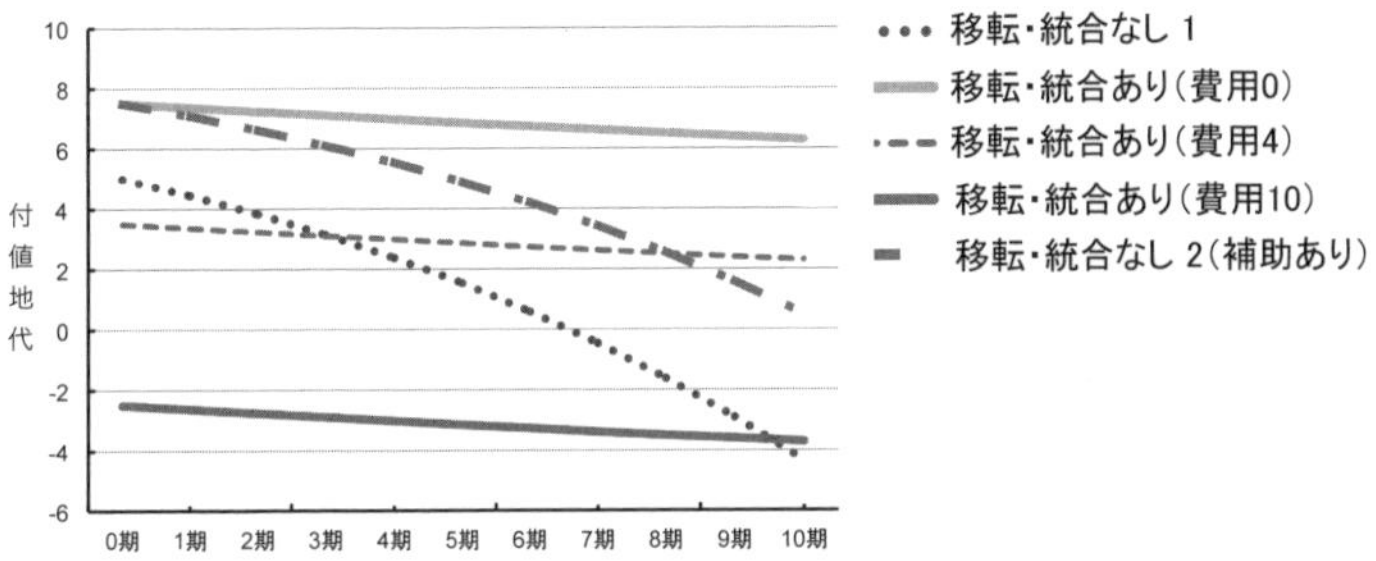

056　ケース別付値地代の動き（筆者作成）

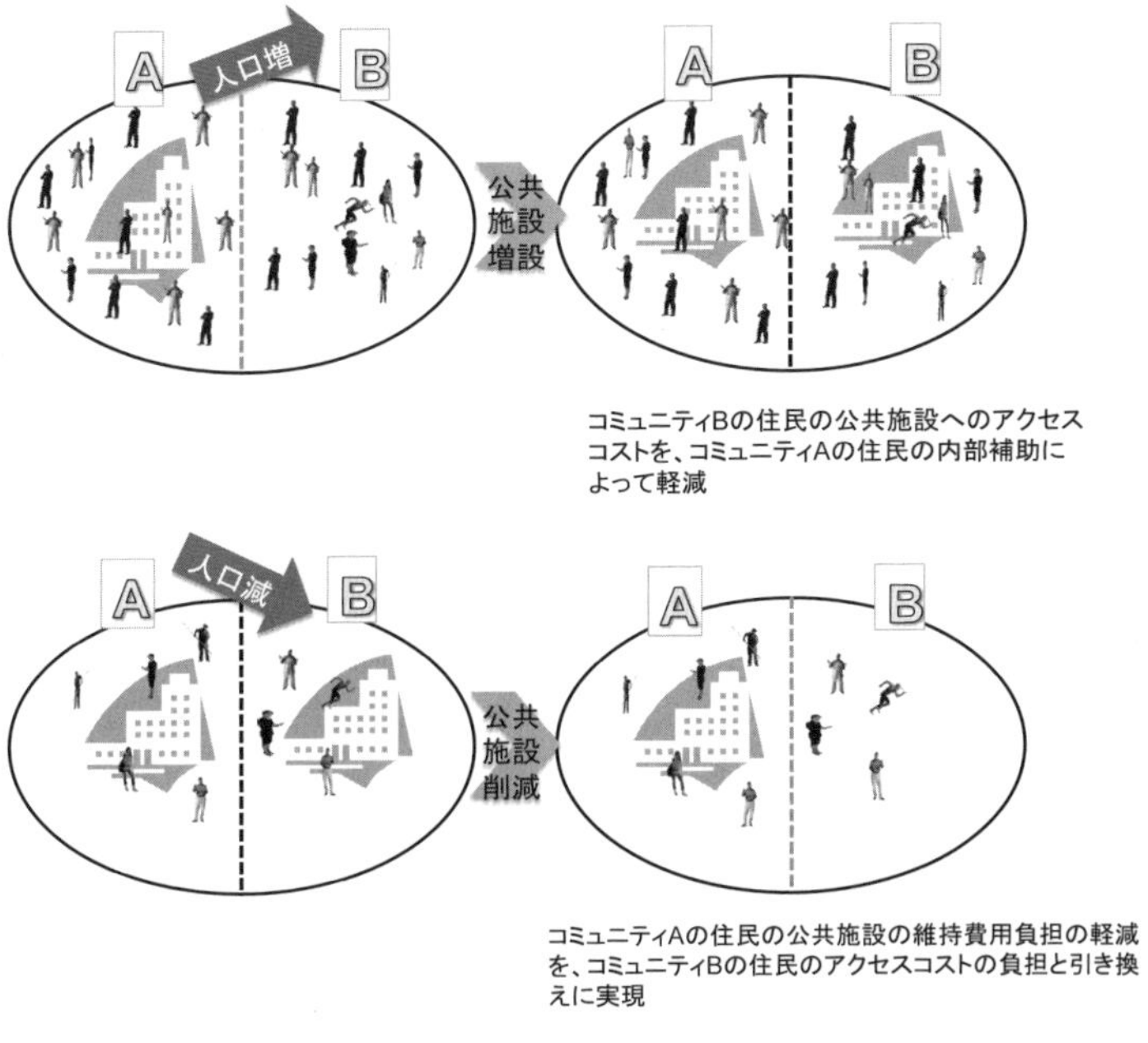

057　コミュニティ間の利害調整（概念図）（筆者作成）

図057の上図のように、都市内に二つのコミュニティが存在し、コミュニティAにだけ公共施設があるとする。この公共施設は、コミュニティBの住民も当然使用できるがAまで行くのに移動コストが発生する。この都市においては今後人口増加が予想されており、公共施設の追加整備は合理的であるとする。このようなケースにおいて、この追加整備に対する両コミュニティの反応はどのようになるだろうか。市の施設であるから建設コストは、市全体で負担することになる。つまり、コミュニティBの住民のアクセスコストの軽減を、コミュニティAの住民への負担分散化により実現しているため、コミュニティBの住民はこの決定に賛成する。また、都市全体としても将来の人口増加を見越せば合理的な選択であるため、市議会も反対をしない。つまり地元コミュニティと市議会という決定権を持つ主体が双方とも賛成する。

しかし、図057の下図のように両コミュニティに公共施設がすでにあるものの、人口減少が予想され、コミュニティBにおける公共施設の廃止を検討する場合を考えよう。市全体の費用便益計算をすれば、二つの公共施設を維持することに合理性がないため、市政府は公共施設の廃止を決定するかもしれない。公共施設が二つから一つに減ることに伴う、税負担の減少がこの決定によって生じる便益である。しかし、コミュニティBにとっては、公共施設を利用するための移動コストが増える。つまり、図057の上図のケースとは逆に、コミュニティAとBの住民が税負担軽減実現のために必要なコストを、コミュニティBの住民にだけ転嫁することになるので、コミュニティBの住民はこの提案に反対するだろう。つまり、市議会は賛成するものの、もう一つの決定権を持つ主体であるコミュニティBは反対を表明する。

このような困難な問題はなぜ発生しているのだろうか。それは、地方自治体という公共施設供給の最小単位が、便益を受ける住民の規模と比較して、過大な規模になっているからである。だとすれば、基礎自治体という公共施設供給の最小単位を、より細分化することが一つの解決策になるのではないだろうか。政治哲学の分野では公共施設、公共サービスの最も効率的な供給単位ごとに意思決定システムを設けるＦＯＣＪ（Functional Overlapping Competing Jurisdiction）と呼ばれる提案が行われているが、その提案に至る中間的な姿として、ＣＭＡを位置づけることができるのかもしれない。

参考文献
中川雅之、栗田卓也、豊田奈穂「居住地の移動という選択肢」『選べる広域連携――自治体による戦略的パートナー選択の時代へ（ＮＩＲＡ研究報告書２０１４・４）』２０１４年、１１７－１２８頁。

註
★1　国立社会保障・人口問題研究所「日本の市区町村別将来推計人口（平成20年12月推計）」を用いる。なお、平成25年推計が公表されているが、福島県に関する推計が実施されていないため平成20年12月推計を用いる。
★2　付値地代とは、「ここまでであれば支払ってもよい」と考える地代の限度額を言う。ひいては、その土地に居住することに「どれだけの価値を見出しているか」の程度を表すものと解釈してもよい。

4―6 まちづくり協議会と地域自治区――戦後のコミュニティ自治の模索

秋田典子

高度経済成長と地域コミュニティの衰退

井上靖の代表的な文学作品の一つである『しろばんば』には、今から約100年前の大正初期の中山間地域におけるコミュニティの様子が詳細に描かれている。この小説の山場の一つが、主人公の少年である洪作が暮らす集落に、台風が来た時の描写である。そこには、当時の地域コミュニティの様子が象徴的に示されている。暴風雨のさなか、集落の住民が無事かどうかを近隣の男性数人が別々に見回りに来るのだが、主人公の洪作と土蔵で暮らしている祖母にあたるおぬい婆さんは、台風が来るとわかった時点で米を炊き、見回りに来る住民に渡す握り飯を予めつくって待機する。見回りの住民が来ると近隣の被害状況について互いに情報交換をし、握り飯を渡すことをくり返す。しかし見回りに来る予定の住民の来訪が少しでも遅れると、「向かいの家からまだ来んな。いつもは一番早いのに」、「まだ生薬屋が来んな。何しとるじゃか」と不満を漏らすのだ。現代の感覚ではやや信じがたい発想であるが、当時は地域コミュニティが住民の暮らしに対して責任を持つことが当然のこととして共有されていたことが良くわかる。

戦後、コミュニティが一気に弱体化したのは、ＧＨＱによる町内会の解体という側面が小さくないと指摘されてきた。しかし、高度経済成長期の過程で人々の仕事の場が漁業や農業のように地域と分かちがたく結びついた場所から、サラリーマンのように地域と離れた場所へ変化したこともコミュニティの弱体化に少なからず影響を与えていると考えられる。これまで地域活動の中心的な担い手だった青年たちの仕事場が地域と別の場所になると、地域に残された老人、女性、子どもだけでコミュニティが必要とするサービスのすべてを提供することは困難である。このため高度成長期を境に、それまで地域コミュニティが担ってきた役割を、行政や企業による有償サービスが肩代わりせざるを得なくなった。さらには、人口が急増したスプロール地や郊外住宅地では、地域の外で働くサラリーマン世帯を中心に新たにコミュニティ組織を形成することになったため、地域における町内会の役割がいっそう不明瞭になってしまったと考えられる。

しかし、やはり暮らしの場と深く関わっている地域コミュニティが果たす役割は小さくない。このため、町内会は様々な形で地域に残り、また再生し、時に行政のコミュニティ施策となることが繰り返されてきた。

都市計画分野におけるコミュニティ自治

コミュニティ組織が積極的に都市計画やまちづくりに関与した初期の仕組みとして、まちづくり条例に基づくまちづくり協議会が挙げられる。まちづくり協議会の活動は、地方分権が進行していなかった１９８０年代から１９９０年代にかけて特に活発になり、１９９５年に発生した阪神・淡路大震災後の復興まちづくりでは、住民による合意形成のための基本的な組織となった。現在はまちづくり協議会以外にも多様なコミュニティレベルの住民組織が存在するが、本稿では初期の制度化されたコミュニティ組織であるまちづくり協議会が直面した課題について整理しておきたい。

まず一つめは、対象とするコミュニティの範囲や、運営組織であるまちづくり協議会のメンバーの選定が住民側に委ねられていたため、誰がどの範囲でどのような活動をするのかということから検討しなくてはならず、組織の設立だけで大きなエネルギーが必要になったことである。例えば神戸市のまちづくり協議会の場合、地区で合意されたまちづくり計画を市長に提案するまでに平均で約7年がかかっていた。このため、途中で力尽きるまちづくり協議会も多く、まちづくりの提案まで到達できる地区はごく一部に留まった。

二つめは、まちづくり協議会自体のガバナンスの仕組みや、協議会メンバーの妥当性を確保するための制度的枠組みが不十分であったことである。このため、まちづくり協議会は、自身の正当性の確保のために様々な努力をしなくてはならなかった。例えば地域住民と信頼関係を構築するためにニュースレターを発行・配布したり、お祭りなどの地域行事へ参加して知名度を上げるなどの活動は、まちづくり協議会の大きな負担にもなっていた。

三つめは、地方分権の進展によって、住民組織による提案という形をとらなくとも、きめ細かなまちづくりが可能になったことである。2000年の地方分権一括法の施行以降、法律に基づき自治体が独自に都市計画を実施することが相当程度可能になり、都市計画の決定プロセスにおける住民参加も進んだ。

四つめは、大部分の住民がまちづくり協議会を設立する必要性を感じていないことである。日常生活で何か困ったことがあれば、直接行政に連絡や相談をすれば現状ではたいていのことは対応してもらえる。また、議員との意見交換や陳情など、それなりに市民の意向を行政に伝えるルートがあるなかで、コミュニティで意思決定し、自ら課題を解決するというまちづくり協議会による住民参加の仕組みは、最もハードルが高いものだとも言える。

地域自治区とコミュニティ自治

まちづくり協議会は、条例に基づくコミュニティ組織の一形態であるが、住民自治が法律で担保される仕組みが地域自治区である。地方自治法第204条の4から9に規定されている地域自治区は、2000年前後に集中した自治体の合併を機に、2004年に地方自治法の改正により、合併特例による時限的なものではないコミュニティの自治を目的とした一般制度として法制化された。

地域自治区の制度面の特徴として、以下の3点が挙げられる。一つめは、地域自治区の運営主体として地域協議会が位置づけられていることである。二つめは、地域協議会のメンバーは市町村長が選任できるが、選定方法として公職選挙法に基づく選挙が活用可能なことである。三つめは、地域自治区は自治体全域をくまなくカバーするように設置するが、一つの地域自治区の規模は自治体が任意に定められることである。地域自治区はまちづくり協議会に見られた課題の多くを克服する仕組みを有しており、かつ自治体の地域自治区の運営の目的によって、柔軟な運用が可能な制度であると言える。

地域自治区の地域協議会に公募公選制を運用している代表的な自治体が、上越市である。上越市は2005年に周辺13町村と合併し、これに伴い地域自治区制度を導入した。2017年1月時点で人口は約20万人、地域自治区は28区存在し、1区あたりの平均人口は7000人である。このため、きめ細かな地域自治が可能である一方で、7000人という母数のなかで公職選挙法に基づき地域協議会委員を複数名（地区の人口規模により異なるが12－18名）選定することは決して容易ではない。しかも、この地域協議会委員は無報酬である。

当初、地域協議会委員のメンバーは合併前の村議会議員が想定されており、実際に初回の選挙では元議員が立候補した地区も多かった。しかし、二選目以降は地域自治区によって様々な変化が見られている。例えば、立候補者がいないため選挙が成立せず、欠員を埋めるのに苦慮している区もあれば、従来は高齢男性しか地域で意見を述べる機会が得られなかったが、地域自治区の制度によって若者や女性が地域協議会委員となり、地域に対して積極的に関わる機会を得た区もある。地域協議会の運営も28区が同じように実施しているわけではなく、区によって地域協議会の開催頻度や形式、取り扱う議事内容も異なっている。上越市では、地域自治区の制度導入に伴い、地域の住民による自主提案活動を支援する地域活動支援事業を導入し、地域協議会が事業費の配分を通じて地域の運営を担うという役割を果たしている。

地域活動支援事業は住民が提案し取り組む自主的まちづくり活動であり、地域自治区の重要な活動である。市の手が届かない福祉や安全安心まちづくりを実現するための、地区独自のきめ細かな課題に対応する手段となっている。ただし、行政サービスでは対応できない地区独自のサービスは、実際に現場で汗をかく担い手がいないと実現できない。地区の実情に合わせたきめ細かなサービスは、ニーズが小さく商売としては成立しないからだ。したがって地域自治区の運営において重要なことは、何をするかを決定する地域協議会のメンバーをいかに選ぶかということだけでなく、NPOや町内会、老人会、社会福祉法人など、コミュニティが必要なサービスの提供のために実際に汗をかく多様な担い手の確保、拡大、育成である。決める主体と、働く主体の両輪によってコミュニティ自治は機能するからだ。

参考文献
井上靖『しろばんば』新潮文庫、1965年。
山崎仁朗、宗野隆俊『地域自治の最前線——新潟県上越市の挑戦』ナカニシヤ出版、2013年。
秋田典子「まちづくり条例に基づく地区レベルのまちづくり制度の運用実態に関する研究——神戸市まちづくり条例に基づくまちづくり協議会を事例として」『都市計画』No. 45-3、2010年、7−12頁。

4—7 二つの仕事で4：3生活——週休二日制の次のライフスタイル

岡部明子

週7日を4：3に分けてみる

5日働いて2日休む。5日は生産的活動をし、2日は次の5日のために英気を養う時間である。週7日は5：2に分けられるのが常識だ。だが、5：2の働き方モデルは、工業化による拡大成長時代のものであって、脱工業化、規模縮小下では最適ではないかもしれない。

例えば、4：3になると仕事の概念が変わる。1980年代のスペイン、バルセロナで仕事を始めたころ、「最近、建築家も週休3日ではなくなってしまった」とため息まじりにこぼすのを聞いて、驚嘆したのを鮮明に記憶している。

そのときは、建築家はヨーロッパではそんなに優雅な仕事なのかとしか思わなかったが、4：3となると、3は単に4働くための充電期間ではすまされず、本業とは別にもうひとつ何かするというライフスタイルだった。

5：2では本業にアクシデントが起こることは死活問題だが、4：3なら本業で失業するなど仮に転《こ》けても、「まだ3がある」と思える。就業不能になるリスクを分散する知恵ともいえるし、主と副二つあることの豊かさといってもいい。

田舎で〈自分仕事〉、都会でフツウの仕事

ジェイムズ・ロバートソンは、『未来の仕事』を著し、フツウの仕事とは別に〈自分仕事 own work〉という考え方を提示している[★1]。〈自分仕事〉とは、自分の裁量で、自分そして家族、さらには自分の暮らす地域のためにする仕事のことだという。

フツウの仕事と〈自分仕事〉には、それぞれの場所がある。集積密度の高い大都市でしか成り立たない仕事がある一方、田舎にしかない仕事もある。例えば、1週7日間を、4：3の割合で田舎と都会にいたほうが都合のよい人も出てくる。

雑誌記者でエッセイストの岩本隼さんは、二種類の仕事を持ち、週単位で都会と田舎を行き来するライフスタイルを、20年以上も続けていた。彼の田舎は、房総半島の先端、館山市の香《こうやつ》という集落である。香は、私が通っている館山市の塩見とお隣同士で、旧西岬村の集落である。彼は、東京でメディア関係の仕事をしていた。1970年代初めに漁師に憧れ、香にもうひとつの居を持った。その後、週の半分は東京で雑誌記者として働き、残りは漁師見習いなどしながら香で過ごすという暮らしをしていた。田舎暮らしをエッセイにしたため、『マンボウの刺身』（1993）をはじめ三部作を出版している。彼にとって、香で暮らしエッセイを書くことが田舎での〈自分仕事〉で、雑誌記者が都会でのフツウの仕事といえる。本人も、両方あるところがいいといっている。

平成26年に公表された「国土のグランドデザイン2050」は、週末別荘を持つような二地域居住に

とどまらない二地域就労を提唱している。複数の生活拠点を同時に持ち、地域に根を下ろして、それぞれの地域で役割を果たすとともに、それぞれの地域で仕事を持つことだという。

それぞれの仕事の場所が、週単位で通える距離にあれば、4：3生活は実現可能である。岩本さんの二地域生活も、東京と房総半島の南端が東京湾を挟んで週単位で通えるところになかったら難しかっただろう。

CMAは〈自分仕事〉？

〈自分仕事〉は、何も都会人が田舎で始める新しいことばかりではない。慣習的なしがらみから義務と感じることも、〈自分仕事〉といってもいいかもしれない。岩本さんは、「西岬には古き日本の農村共同体の風習が、ここだけ隔離保存されているみたいに、1990年代の現代に至るまで、まだ色濃く残っている」と述べている[★2]。

「毎月25日には、神社の社務所で部落の寄合がある。……道路端の草刈りはもちろんのこと、ゴミ収集所に小屋を建てたり、凹んだ農道にコンクリートを流したりするのも、みんな自前でやってしまう。浜掃除や川浚いもある」。

それから20年以上経った今日の塩見も、驚くほど変わっていない。毎月25日朝8時の常会には、60人以上が5分前集合する。夏祭りの前に行う浜掃除は本格的で、神社掃除は毎月当番の班が行う。誰もがけっこうな労力を提供する〈自分仕事〉である。集落の集まりに参加する人たちの年齢が、岩本さんのころは50－60代だったのが、今では70－80代になったところが違う。コミュニティの〈自分仕事〉の担い手が高齢化した。月一回の常会は、高齢者自治による安否確認システムとして機能している。

こうして日本の地域は、伝統的に共同体組織で維持されてきた。その土地に暮らしている人たちは共同体の〈自分仕事〉をそれぞれに担い、地域社会を持続可能にしてきた。換言すれば、本書の提案するCMAが機能してきた社会があった。

CMAを自治体運営に組み込んだ先進事例として雲南市が注目されている。4・2万人の全市域をカバーする42の地域自主組織がつくられ、市は予算を各組織に配分して、縮退過程のマネジメントを住人たちに委ねようとしている。過疎地域では、伝統的な共同体のCMAが、村終いや村納めまで担いきるところが現れている。日本の農村が培ってきたCMAはすごい。

本書で提案するCMAの一部には、アメリカでよく見られる住民自治組織によるエリアの資産価値向上のような役割を担えるところももちろん出てこよう。そのような地域では、コミュニティによる不動産マネジメントに手腕を発揮する新たな専門家も生まれよう。儲かるフツウの仕事としてのCMAである。

しかし、人口減少過程のCMAの基底として期待されているのは、縮小衰退の傾向にあっても地域が立ち行かなくなるのをぎりぎりまで回避する役割である。〈自分仕事〉として担うCMAである。

古くて新しい4：3生活

これから、縮退過程のマネジメントは、大都市郊外で本格化する。さしあたり過渡的な期間では、行政の出かた次第で、民間CMAによる競争的な地域運営が活発化することが十分に考えられる。やがて人口減少がどこのコミュニティでも不可避となり形勢不利になると、デトロイト（アメリカ）が示すように、これら競争的CMAはすっと引いていく。最終的には、大都市郊外においても今の過疎地域同様、その地から逃れられず暮らし続ける住人たちの〈自分仕事〉でCMAは担われていくしかない。新規に開発してまちをつくるのは、フツウの仕事でできるが、〈自分仕事〉なくしてまちは持続可能にはならない。

大都市郊外でも、近い将来、フツウの仕事で稼ぐために都心に通勤し、自分のため、家族のため、自分の住む郊外のために〈自分仕事〉する、4：3生活になっていくのではないか。すでにリタイア世代が増えた郊外では、コミュニティビジネスや菜園として活用された空き区画がぽつぽつと現れ始めている。郊外が週末に通える〈田舎〉化することで、大都市は縮退していくともいえよう。ただ、郊外育ちの人たちは、共同体の伝統的な〈自分仕事〉を経験したことがない。郊外のCMA運営は、しがらみから解放されて今まできたぶん、過疎の村よりずっと難航することになるだろう。

仕事：余暇＝5：2がマジョリティでなくなり、古くて新しい4：3生活の時代への移行を予感させる。こうして、異なるスケールで多様な4：3生活が一般化した社会を想像してみると、CMAなくして人が集まって暮らす地域は成り立ちようがない。伸縮自在な経済を受け入れさえすれば、〈自分仕事〉で担われるCMAがあって当たり前の、自治で暮らしの安心を得られる社会が、すぐ先に見えている。

註

★1　J・ロバートソン『未来の仕事』小池和子訳、勁草書房、1988年（原書1985年）。

★2　岩本隼『マンボウの刺身──房州西岬浜物語』新樹社、1993年。

4—8 公民連携によるまちの減量——公共施設運営の手法

原耕造

公民連携手法の出現

人口減少と低成長時代を迎え財政が逼迫してくると、効率的な公共事業のあり方が模索され、1990年代後半に海外から民間を活用したPFI（Private Finance Initiative）という新たな社会インフラの整備・運営手法が日本に輸入された。その後、指定管理者制度、市場化テストといった様々な手法が生まれ、総称として公民連携手法と呼ばれ発展していった（図058 PPP：Public–Private–Partnershipスキーム）。公民連携手法の特徴は、企画と実施の主体を分離したことにある。すなわち、企画は官が担い、実施は民間が担う、

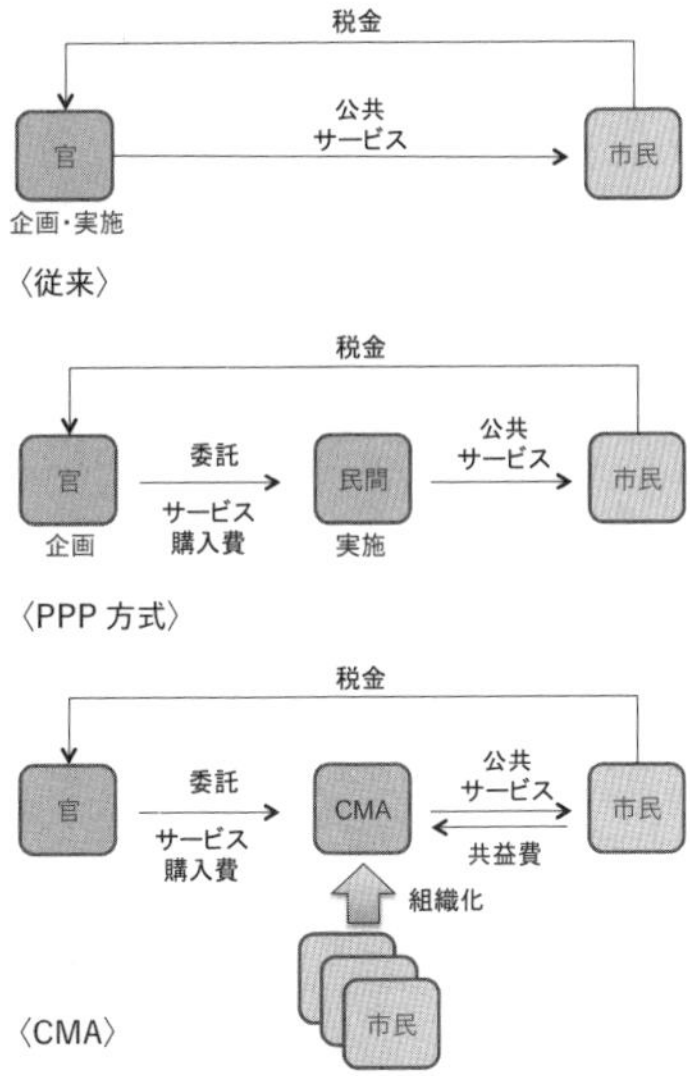

058　PPP（Public-Private-Partnership）スキーム（東洋大学大学院経済学研究科『公民連携白書（2008−2009）』時事通信社、2008年、36頁をもとに筆者作成）

という役割分担である。これにより、企業から、NPOや社会起業家といった比較的小さな民間主体までもが公共サービスの提供者となり、公共の民間開放が急速に進んだ。本稿では、まちを〝つくる〟〝維持する〟〝減量する〟という各フェーズにおける新たな動きを公民連携の視点で紹介する。

新たな主体による地域経営の取り組み

まちを〝つくる〟フェーズの新たな動き

官に代わって民間がまちを〝つくる〟新たな動きが起きている。

岩手県紫波町では、「PPPエージェント」と呼ばれる民間が、行政に代わって長年塩漬けとなっていた駅前公有地の開発を担い、まちづくりで大きな成功を収めている。「補助金に頼らないまちづくり」「稼ぐインフラ」を掲げた民間主体の開発が行われ、10年前には人影もまばらだった駅前エリアが、今では多くの人で賑わっている。

また、東京神田や北九州では、「現代版家守」と呼ばれる民間組織が、空きビル／空き家／空き店舗などの遊休不動産を活用し、衰退したエリアで産業を起こし、街を活性化させている。江戸時代に不在地主に代わって家屋を管理し地域をまとめていた〝家守〟と呼ばれる形態を現代に甦らせ、民間組織が官に代わって地域活性化を担っている。

まちを〝維持する〟フェーズの新たな動き

まちを市民が維持する新たな仕組みもつくられており、代表的な制度として「アドプト制度」がある。

アドプト（adopt）とは、「養子縁組」の意味で、別名「公共施設里親制度」とも呼ばれている。これは、行政が、道路、公園、河川などの公共財の美化、維持管理を地域の団体等に任せる制度であり、すでに多くの自治体でこの制度を導入している［★1］。

公共施設群の管理を包括的に民間委託する事例も出てきた。香川県まんのう町や千葉県我孫子市、流山市といった先進的な自治体で、公共施設群の管理を包括的に民間に委託する仕組みを導入したのを皮切りに、他の自治体でも次々と同様の仕組みを導入し始めている。自治体職員が年々減少し、老朽化した膨大な公共施設の管理に限界が来ていたため、管理手法を抜本的に見直し、部署・施設ごとに専門業者へ発注していた保守点検業務を包括的に民間委託することで業務を大幅に軽減し、行政改革に成功している。

まちを〝減量する〟新たな動き

2000年代に入ると、社会インフラの老朽化に危機感を持った秦野市や習志野市等の先進自治体で、公共施設等のデータ整備（公共施設白書づくり）の動きが始まり、急速に全国に広がっていった。現在は、総務省の指導のもと全国の自治体で「公共施設等総合管理計画」が策定され、公共施設等の再編整理に向けて実行段階に移行しつつある。

しかし、公共施設の減量化は総論賛成、各論反対の議論に陥りやすい。特に、公共施設の大半を占めるのが「教育施設」であるが、統廃校には根強い反対がある。学校の建て替え・統廃合時に周辺公共施設の減量を市民と議論し、多機能化、複合化も含め検討することが今後の一つの大きな流れとなるであろう。学校とほかの公共機能との複合化は、すでに先進的な自治体で取り組みがなされ、PFIでも市川市立第七中学校や京都市立御池中学校といった事例があり、市民の理解が得やすいだろう。

CMAによる都市・インフラ経営

都市・インフラ経営を官のみが担う時代から、官・民間・市民が分担して担う時代に変わり、その主体は広がりを見せている。

市町村合併で広い区域を所管する地方自治体では地域の意見は反映しづらく、限られた財源で地域を維持すべくインフラ・サービスを取捨選択するといった痛みを伴う時代にはCMAのような地域経営に参

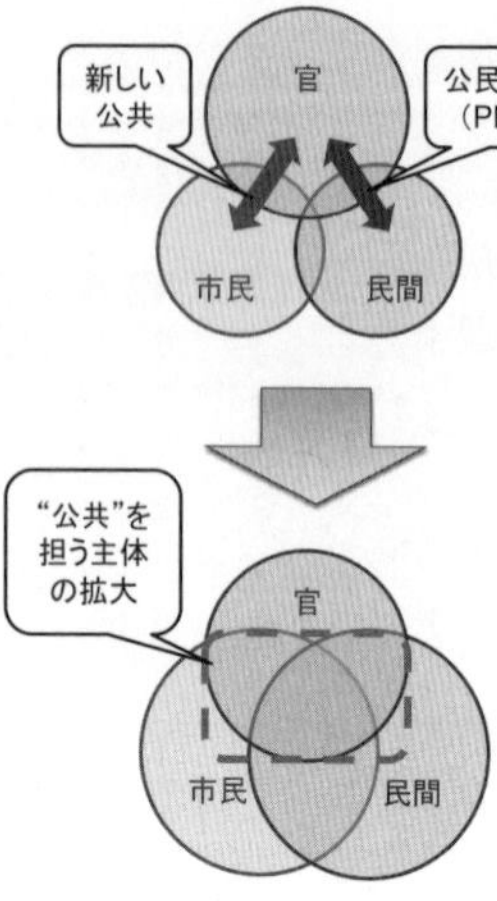

059 公共を担う主体の拡大（東洋大学大学院経済学研究科『公民連携白書（2008−2009）』時事通信社、2008年、4頁をもとに筆者作成）

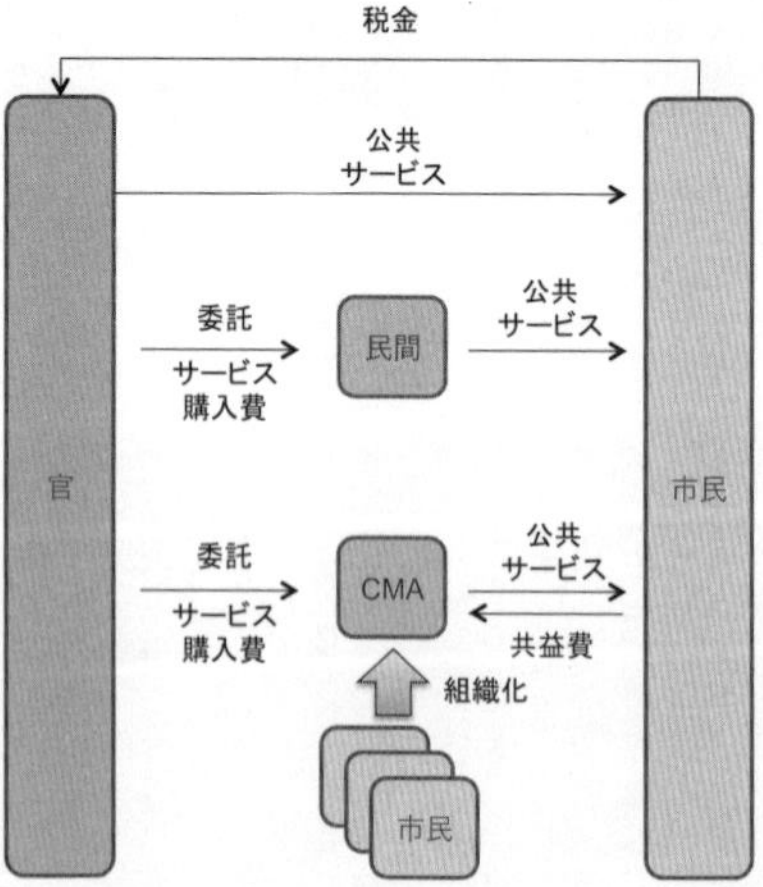

060 公共サービス提供者の多様化（東洋大学大学院経済学研究科『公民連携白書（2008−2009）』時事通信社、2008年、36頁をもとに筆者作成）

加できる仕組みが必要だ。CMAは、「必要なものだけを残す」「最適な人・組織に担当してもらう」という公共のモノ・サービスの仕分けの場でもあり、地域経営権を官から地域へ取り戻す仕組みとも言える。

日本は、高度成長期・バブル経済期における公共領域の拡大期を経て、バブル経済崩壊後の失われた20年で「小さな政府」と「都市規模の縮小化」を志向する方向へと大きく舵を切った。その過程で、官も民間も知恵をしぼり、様々な取り組みに挑戦してきた。市民も知恵をつけ、成熟してきた。地域経営するために必要な情報や多様な選択肢が用意され、CMAを実現する環境が整ってきている。

しかし、注意すべき点もある。ここで紹介した公民連携手法には、費用対効果（PFIではVFM：Value For Moneyと呼ばれている）を最大化する大原則として「リスクを最もよく管理することができる者が当該リスクを分担する」という基本思想がある。「民にできるものは民へ」を追求しすぎると、民間ではコントロールしきれないものまで官が民間に押しつけることになり、結局費用対効果は低下してしまう恐れがある。適切なリスクと業務分担を誤り、失敗した事例もある。地域の実情に応じた適切な業務とリスク分担の設計がCMAの成功にも欠かせない。公民連携手法の知恵がCMAでも活かされ、発展していくことを期待したい。

註

★1　アドプト制度の導入概況（2016年3月現在）、実施自治体数：374自治体、参加団体数：4万団体以上、活動者数：250万人（公益社団法人食品容器環境美化協会調べ）。

4―9　コミュニティで運営するエネルギー供給――シュタットベルケから学ぶこと

山口崇

エネルギー自由化は多様な解へのチャンス

わが国のエネルギーに関わる政策や技術は、大きな変革期を迎えている。電気・ガスの小売の全面自由化、分散型エネルギーの推進、リダンダンシー（冗長性）・レジリエンス（強靭性）の確保など、多くのテーマが連動して進んでおり、今後のエネルギー需給や業界のあり方に一層の「多様性」「柔軟性」が誘導されようとしている。昨今は、政策検討の一環で、自由化先行国であるドイツの取り組みが研究されている。基礎自治体の単位で各地に古くから存在し、地域サービス・地域エネルギー供給を担う都市公社（シュタットベルケ）が、自由化の荒波を乗り越えて地域より支持され、例えば電力小売では、約９００社あるドイツ国内の電力小売事業者のうち、シュタットベルケの販売電力量シェアは約20％を維持しているというのである。わが国では、特定の街区に限定した小売電気事業は未だ極めて稀である。

シュタットベルケは、公共的性質を持った企業体である。また、地域住民等が直接投資（事業参画）を行い、運営方針の意思決定に関与可能な枠組みが存在することも特徴の一つとなっている。そのサービス内容は各社差異はあるが、電気、ガス、上下水道、地域熱供給、廃棄物処理、公共交通など多岐にわたり、地域密着の事業体としての強みを発揮している。自立・分散型エネルギーネットワークの取り組み例としては、シュツットガルト市のシュタットベルケ・エスリンゲン社があげられる。同社は郊外の再開発地区において、木質バイオマスによるコージェネレーションプラントを運営、発電電力は固定価格買取制度を利用して販売、発電廃熱は地域への熱供給に利用、販売している。

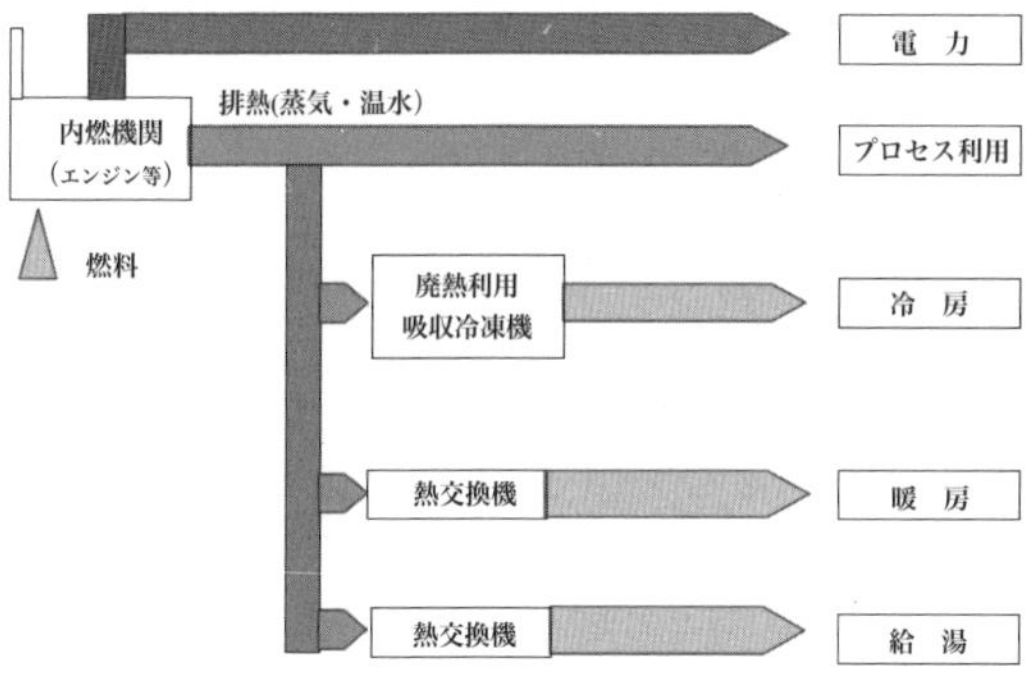

061　コージェネレーションシステムの概念（筆者作成）

自立・分散型エネルギーネットワークの必要性

東日本大震災を契機として、災害時の重要施設（庁舎や病院等）の機能維持や、企業の事業継続の重要性が注目され、そのためにエネルギーの自立化・多重化等がまちづくり政策にもおいても推進されている。国土強靭化基本計画では、地域内でのエネルギー自給力、地域間の相互融通能力の強化、自立・分散型エネルギーシステム（コージェネレーションシステム〔図061〕、再生可能エネルギー等）の導入を促進すること等が明記されている。

CMAによる運営の意義

地域単位での自立・分散型エネルギーネットワークが成立するためには、エネルギー負荷の平準化のための建物用途の適当な混在、ある程度まとまった規模の需要家（建物）が接続されたネットワーク構築、エネルギー供給事業の持続的な経営が可能となるよう、需要家離脱の抑制や行政からの適切な支援、需要側と供給側の間での適切なマネジメントなどが重要となってくる。昨今では、六本木ヒルズの熱と電気の供給システムに代表されるように、都心の都市開発で高度な自立・分散型エネルギーネットワークの実例が登場し始めているが、地方等での展開はこれからの感がある。今後、人口減少社会への対応が必要とされるなかで、自立・分散型エネルギーネットワークは省エネ性と防災性を両立できるエネルギー供給システムとして合理的であるが、供給側と需要側の合意形成をはじめ、計画・整備・運営を最適に運ぶためには、地域のまちづくりや都市機能のガバナンスを司る主体＝CMAが一定の役割を果たすことが期待される。

CMAが主体となって自立・分散型エネルギーネットワークを運営することを考えるうえで、ドイツのシュタットベルケなどの事例から我々が学べることは次のとおりとなる。

①まちづくり計画段階よりエネルギー基盤のあり方を検討、ステークホルダー間で共有し、まちづくりとエネルギーが一体に捉えられること。

②地域のインフラ並びにサービスの多くを包括的に管理・運営することで、地域住民・企業等から地域密着型の最適な事業主体として認められやすいこと。

③シュタットベルケのような、複数の公共公益事業を併せ持つ事業形態が、地域の資源・資本を機動的に動かし、競争力ある事業主体となり得ること。

成立に向けた課題

大規模な市街地以外で自立・分散型エネルギーネットワークを導入していくためには、未だいくつかの課題がある。技術的要素で言えば、自立型システムの要となるコージェネレーションシステムの発電効率のさらなる向上やコンパクト化、蓄電池の充放電効率の向上、再生可能・未利用エネルギーや発電廃熱の利用効率の向上、地域熱導管・電力線の整備や既存建物への接続、各要素の導入コスト低廉化など。また、地域としてエネルギー利用効率が高く担保されるよう、建物用途の多用途混在を計画的に誘導・維持し、エネルギー負荷の平準化を図ることも重要となるであろう。

将来像のケーススタディ

最後に、都市の縮小再編が都市基盤も含めて大胆に進むことを想定し、現行の制度、規制、技術的限界などに捉われずに、中規模の市街地におけるエネルギーシステムの姿を二つ提案してみたい。いずれもＣＭＡを事業主体として想定している。

駅前発電所構想

駅を中心に市街地が集約、特に駅近傍の高度利用圏に建物集積・多用途施設が誘導されると想定。圏内において、ＣＭＡが自立・分散型の発電設備としてコージェネレーションシステム発電所と熱と電気の地域内ネットワークを整備。発電電力は系統電力と協調して地域で利用。発電廃熱や地域の未利用エ

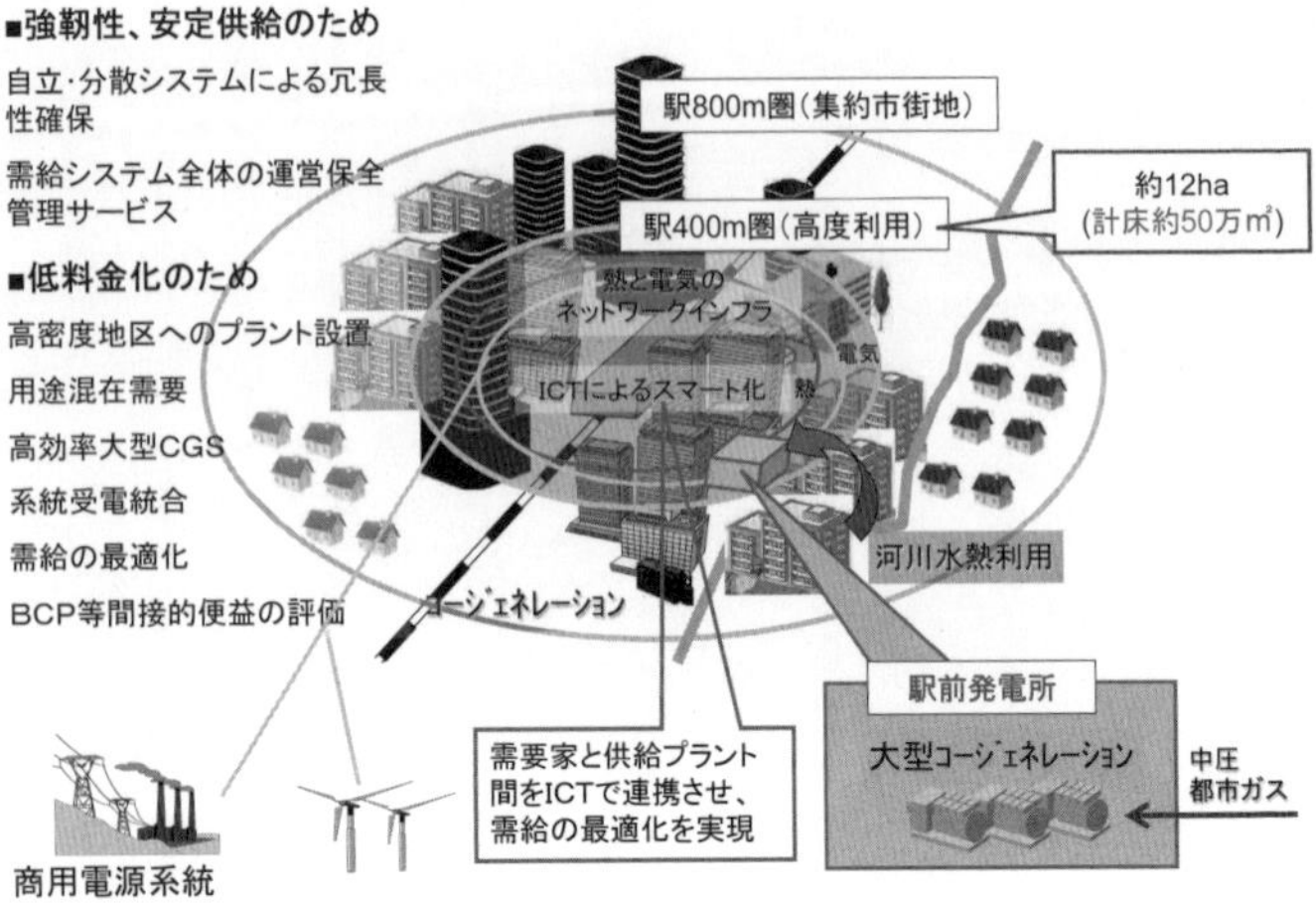

062　”駅前”発電所構想

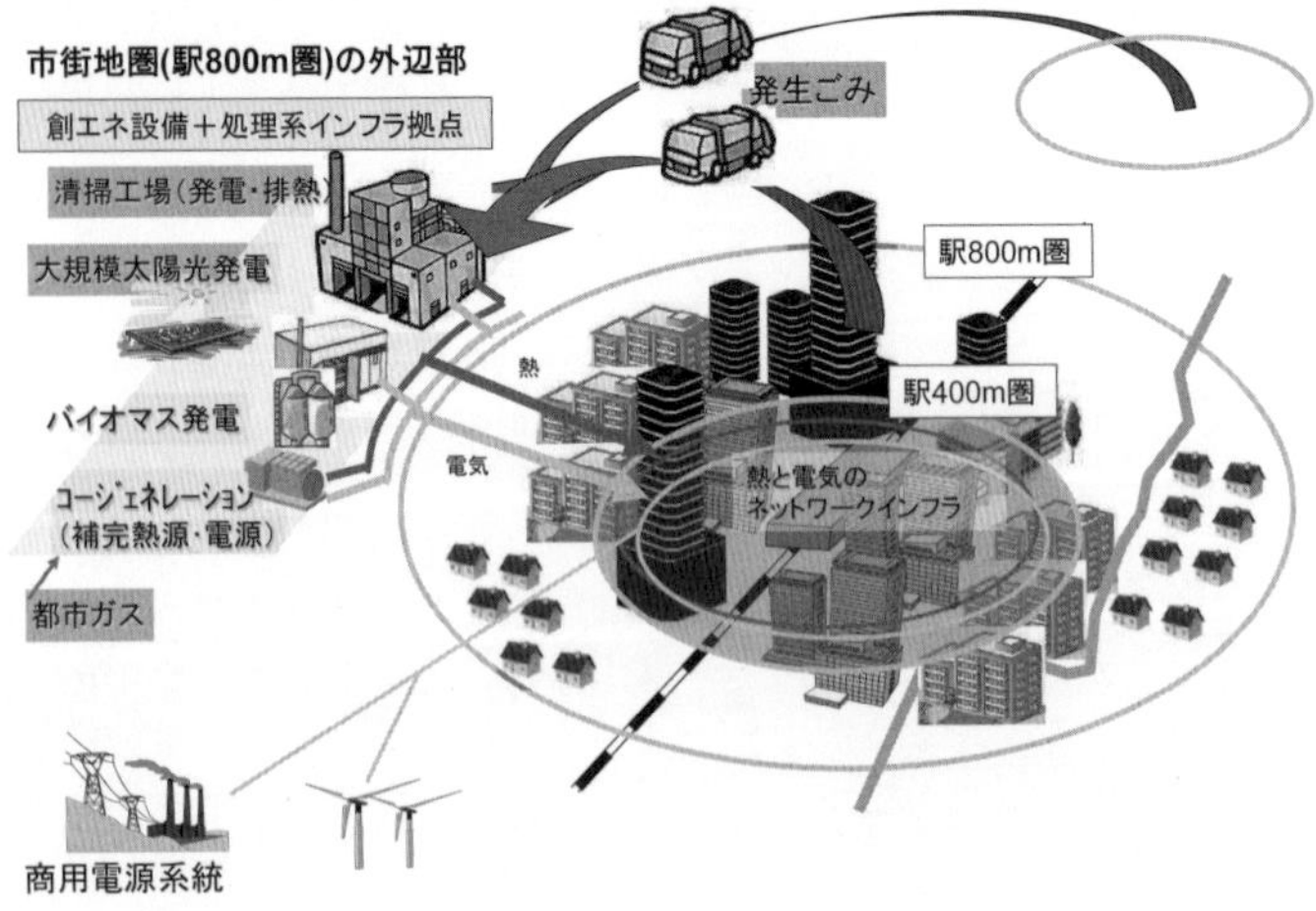

063　”街際”創エネ拠点構想（上下とも筆者作成）

ネルギー源は、最大限に地域冷暖房熱源として有効利用するとともに、ＩＣＴにより需要側と供給側を連携させて最適運用を図る。非常時等にもエネルギーの途絶リスクが低減され、都市機能の冗長性に優れることから、地域全体としての価値向上にもつながる（図062）。

街際創エネ拠点構想

駅を中心とした市街地圏の外際に清掃工場等、多量の未利用エネルギーを賦存する処理系施設を再配置。また、併せてコージェネレーションシステム、バイオマス発電、太陽光発電等による発電所を整備、発電電力や発生する熱を、駅近傍の高度利用圏へ送り、そこで有効利用を図る。駅前発電所構想に付加して成立するが、これにより、需要地と発生地が遠距離のために使い切ることができなかった未利用エネルギーの有効利用を実現する（図063）。

参考文献
『エネルギーコベネフィットクリエイティブタウン調査報告書』一般社団法人日本サスティナブル建築協会、２０１６年６月。
一般財団法人コージェネレーション・エネルギー高度利用センター　ホームページ

4—10 脱・自動車過依存症——地域で再構築する公共交通

大野秀敏

近代都市の特徴の一つである郊外住宅地は交通の技術革新がなければ生まれなかった。交通形態の変化は都市形態を変える最大の力の一つである。この半世紀、世界中でふたたび大きな交通形態の変化が進んでいる。その中心は、高速道路や新幹線や飛行機などの〈大きい交通〉の急速な発展である。それは「多くの人を・遠くに・早く」運ぶ交通であり、都市間の時間距離を縮め、世界中で中小都市を中抜きして衰退させる一方、首都や中核都市に繁栄をもたらしている。その穴埋めをするように、世界中の中小都市や大都市の郊外は自動車過依存体質（図064）が進み公共交通の劣化と廃止が進んでいる[★1]。自動車は、何時でもどこにでも移動できる利器であるが、アルコール依存症が身体を蝕むように自動車過依存は都市を蝕み、その体力を奪う。

自動車過依存症の症候群

自動車過依存が進むと、自動車事故や大気汚染や自動車インフラ費用の増大、都市空間の巨大化、買物難民の増加、健康阻害や医療費の増大など多岐にわたる症状が現れる。

まず、自動車社会では、自動車が走りやすいように平坦で緩いカーブの道路や橋やトンネルそして駐車場や車庫なども含めて種々の施設を必要とする。これらの施設整備に膨大な費用を要するだけでなく、施設の規模は巨大で人間的スケールを壊してしまう。

第二の症状は買物難民を生むことである（図065）。自動車社会では、人々は安く品揃えの良い店を求めて自動車で店選びをするので、一店舗の商圏が広くなり、大規模店舗が流通を支配するようになる。当然、近隣の小規模な小売店は廃れてしまう。一部の高齢者や障害者、子供、経済的理由から車を持てない人、そして免許を持たない人たちは「買物難民」となる。同じことは医療でも起こる。知覚能力や運動能力が衰えた高齢者は、免許証を返納したいところだが、「買物難民」化、「医療難民」化を考えるとそれができない。加えて、高齢者には貧困の問題がある。超高齢社会では年金会計が逼迫し年金支給額の削減が避けて通れない。年金だけで生活する世帯では自家用車保有は経済的負担が大きい。

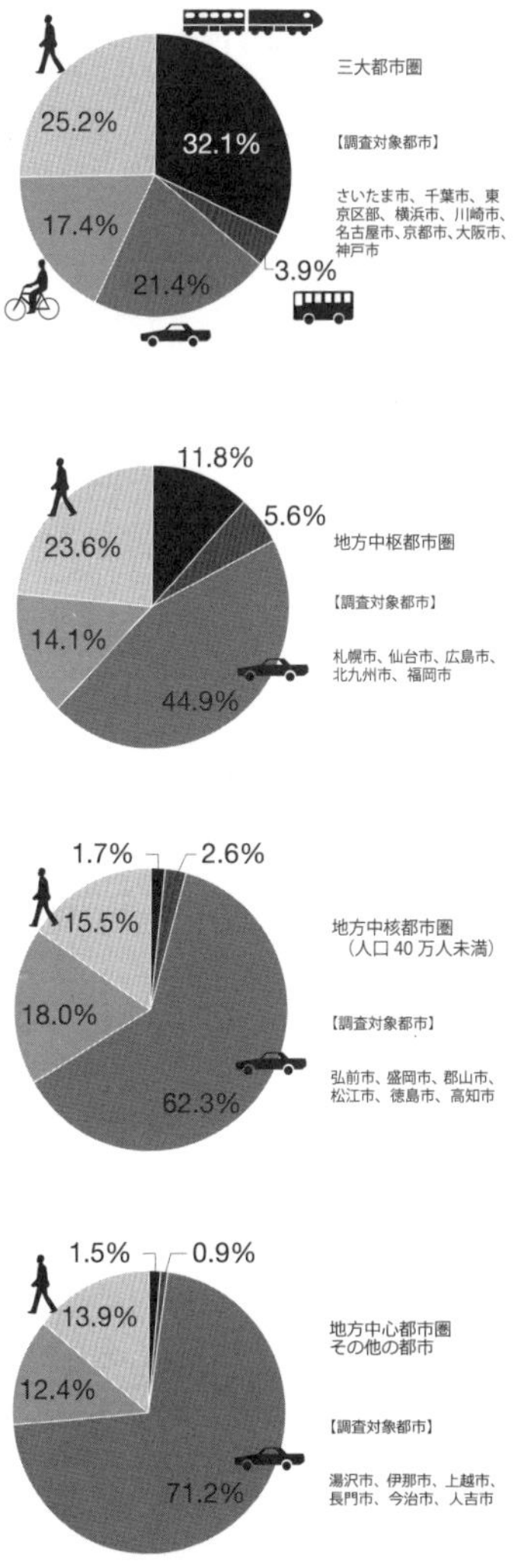

064　都市規模別交通手段分担率
（国土交通省都市局「都市における人の動き――平成 22 年全国都市交通特性調査集計結果から」2012、<http://www.mlit.go.jp/common/001032141.pdf> にもとづいて筆者作図）

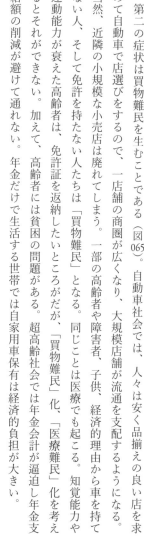

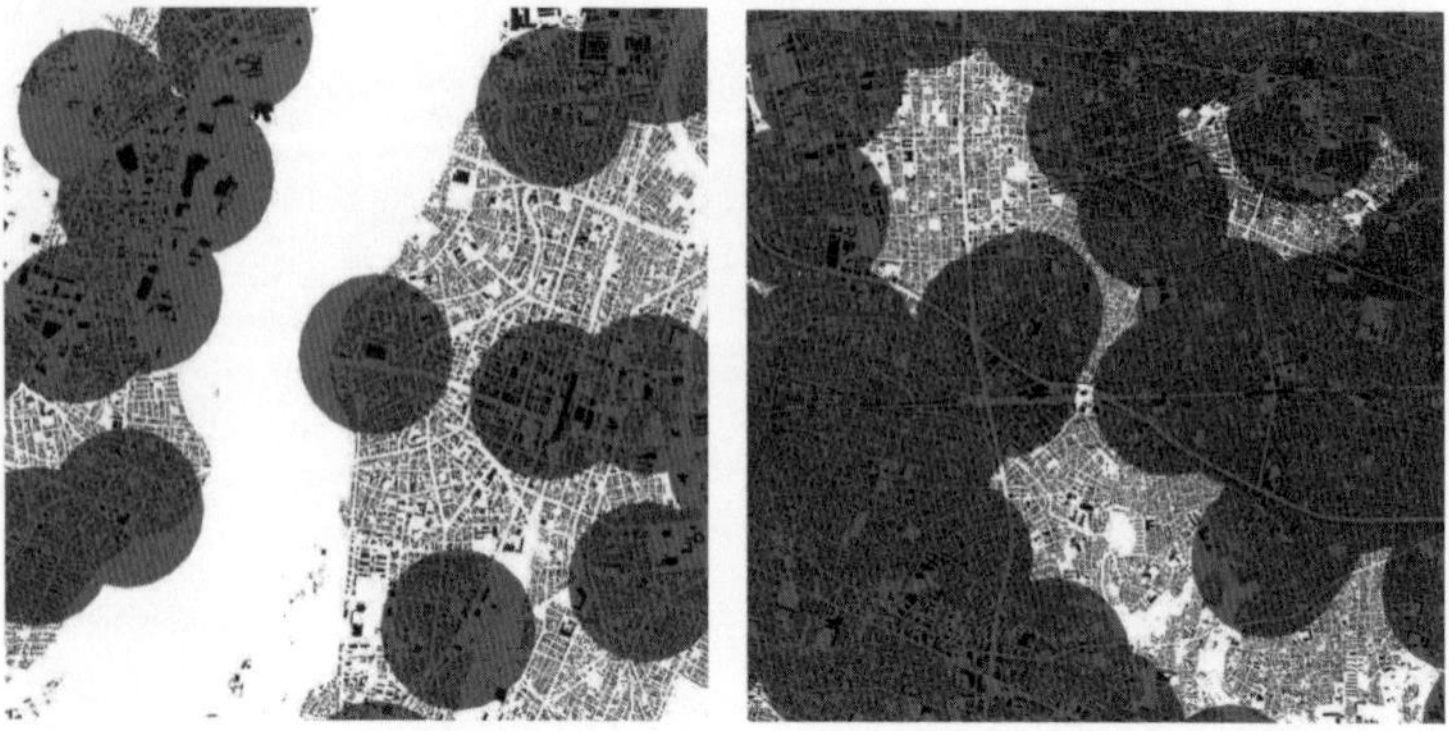

065　買物難民地図（左：長岡市城内町二丁目、右：東京都杉並区）
濃い円は2015年の電話帳掲載の「スーパーマーケット」から歩ける範囲（500m）を示す。魚屋や肉屋、コンビニエンスストアなどは考慮されていない（筆者作成）

最後に、医療費の増加や個人の生活のＱＯＬの低下を付け加えよう。戦争や感染症による死亡が減ると生活習慣病が主な死因になる。高齢社会の悩みの種の一つである増大する医療費は歩くことで軽減できると言われているのだが、自動車過依存社会は歩く機会と能力を奪ってしまう[★2]。

自動車社会がもたらす問題は１９７０年代から意識されはじめ、先進国の都市計画は「歩ける街」を目標の一つに加え、世界中で歩行者天国や歩行者専用道や歩行者空間が拡充されてきた。ところが、「歩ける街」は「歩かざるをえない街」であり、足腰が弱った高齢者にとっては不便な街でしかなくなる。実際、中心部を完全に歩行者空間とした首都圏郊外の大規模団地では、広場が広すぎ高齢者を買物難民化している。そこで、ＮＰＯが足こぎ自転車を使って買物支援をしている[★3]。

だれもが自由に移動できる社会

「衣食住足りて礼節を知る」と人は言うが、実は、衣食住だけであれば受刑者にも与えられている。刑務所が奪うのは移動の自由である。人が自分の意志で移動できることは生活上だけでなく精神的な自立を保つうえでも欠かせない。自動車過依存社会は自動車を使えない人々から基本的人権を奪う。高齢者が増える現代社会の大きな課題の一つは、自動車過依存症を患う地方都市や大都市の郊外で、どうすれば多くの人たちが自家用車や運転免許を持たなくても暮らせるか、ということである。以下に、筆者の考える解決策をあげてみたい。

市民の本当の交通需要に応える交通体系

鉄道駅を毎日大勢の人が利用するのは大都市だけであるのに、奇妙なことに、地方中小都市でもバス路線は鉄道駅や公共施設を結ぶように組み立てられていることがままある。市民が毎日の生活で本当に困っているのは、鉄道駅や公共施設に行く足ではなく日々の買物や通院の足などである。一つのバス路線をとっても、朝夕と日中では利用形態がまったく異なるのに路線のルートは固定されていることが多い。もっと柔軟な発想と運営をすれば、公共交通はもっと使いやすくなり、乗客数も増えるはずである。

多様な移動手段のネットワーク化

異なる交通路線を乗り継いでネットワークとして使えば少ない公共交通を効果的に使うことができる。ＩＣ式の乗車券が普及してきた今日、域内のバスや鉄道を滑らかにつなぐ料金体系を導入することは容易である。

066　黒部市の試み

黒部市では、地方創生事業の一つとしてバス停に無料貸出自転車を併設する事業をおこなっている（施設設計：アプルデザインワークショップ、写真：北嶋俊治）

各種事業者の送迎バスの活用

公共交通利用者がそもそも少ない地方都市では十分な密度の公共交通サービスの提供は経営的に難しい。ただ、こうした都市でも、学校のスクールバス、大規模小売店の客の送迎バス、企業の社員送迎バス、老人介護施設の送迎バスなど様々なバスが走っている。これらのバスが、空き時間に一般の乗客を運べば、乏しい路線密度を補うことができるし各事業者にとっても収益につながる［★4］。

最後の数百メートルを埋める〈小さい交通〉

地方都市では公共交通網が粗いので、停留所や駅から居住地や目的地までが遠くなりがちである。この最後の数百メートルを埋めるうえで〈小さい交通〉が使えると格段に便利になる。〈小さい交通〉は「少数の人を、近くに、遅く」運ぶ交通である。例えば自転車は、軽く、小さく、速く、気軽に遠くに出かけられ、駐輪する場所にも困らない。電動アシスト付き自転車であれば筋力が弱い人も助かる。身体機能が低い人には三輪の電動アシスト自転車や電動スクーターや電動車椅子がある。もしバス停に〈小さい乗り物〉の置き場が併設されていればバスを使う気になる（図066）。さらに、そこに低額で利用できる貸し自転車が置いてあればもっと便利である。欧州のように自転車や電動カートなどの鉄道車輌持ち込みが一般化すれば行動範囲はぐっと広がる[★5]。高齢者や身障者が使う〈小さい乗り物〉は、利用者の運動能力や障害の程度が幅広く、かつ加齢による変化も早いので、社会で共有するのが望ましいだろう。〈小さい乗り物〉は、近年世界中で次々と開発されているが、日本では、こうした乗り物は福祉政策のなかに閉じ込められ、進化から取り残されている。その背景には、日本の社会の過度な自動車偏重がある。超高齢社会の先頭を行く日本だからこそ、障害者や高齢者が一人で自由に出かけられる環境でなくてはならない。具体的には、一方通行を増やしたり、自動車レーンを減らしたりすることで、現在自動車に過分に割り振られている交通空間をもっと〈小さい交通〉と歩行者に回さなければならない。そのうえで、新しい試みに果敢に取り組まなければ高齢社会に追いつけない。

自動車を減らす

現実の日本の地方都市や郊外で自動車依存を変えることは簡単ではないことも明らかである。それを前提とした対応が必要である。その一つは、自動車を世帯や個人で所有せずに、複数の人で共有したり、声を掛け合って相乗りするなど、必要な時だけ自動車を利用する形態を広げることである。世帯出費が減り、敷地内の駐車場も不要になるし、街の中を走る車の量を減らせるので交通施設の量も減らせる。

公共交通利用の共同購入

市民に問えば、公共交通の充実は必ず求められるのだが実際には利用されない。今は使わないけどそのうち利用する市民ばかりでは公共交通は破綻してしまう。コミュニティは一定の乗車人数の確保を確約し、交通事業者は一定の運賃を確約する。双方がとり決めを交わすことで安定した交通サービスを実現する［★6］。

物やサービスを届ける

買物難民問題に対して交通手段を充実することは、物やサービスの利用者が、それらが提供される拠点に移動できるようにすることであるが、他方では、利用者にサービスや物を直接届ける策も必要である。現状でも移動スーパーマーケットや高齢者の移動入浴サービス、様々な食材や食事の配達サービスなどがなされているが高機能化と効率化をはかることが必要である。また、高齢者人口比が増え続ける日本では「配達する」対象を医療サービスや、行政サービスなどに拡大しなければならない。現在日本では、医療や介護の場を、施設から住み慣れた自宅や地域に移そうとしているが、その実現にも物やサービスを届けるシステムを伴うことが必須になる。

担い手は市民

移動に関するサービス提供でも本書の基本認識——公的サービスをすべて市場原理に任せてしまうとサービス空白地域が増えるが、財政負担が増える一方の自治体にできることは限られる——が当てはまる。人口減少と高齢化の時代にあった新たな地域交通体系の構築において、コミュニティが主体的に将来像を描き、自ら管理しなければならない。直接の受益者である市民に担い手としての自覚と負担が求められる。例えば、本稿で提案した解決策で言えば、道路の一方通行を増やせば自動車を使うには不便になることを市民が受け入れなければならない。バス停ごとに貸し自転車を置いて廉価で利用できるようにするためには、管理の一部を住民が担う必要がある。電車やバスに自転車を持ち込むためには、利用者の自己責任が求められる。こうしたことを受け入れる条件は、市民が、若い時は自動車があれば快適で便利でも、いずれそれがままならなくなる時がやってくるという危機感を共有することである。こうした対応は市民個人ではできない。ＣＭＡのような住民組織の出番である。もう一つ重要なことは、いずれの解決策も、それを実施しようとすると多かれ少なかれ、現行の自動車優先の傾向にある日本の交通行政の制度との衝突が避けられないということである。それを乗り越えるためにも市民的合意が必要なのである。

このように障害を並べ立てると、先の解決策がどれも夢の理想論のようにみえてしまうが、ヨーロッパの諸都市では、すでにいくつかのことを実現している。日本はこの点では後進国にすぎないことを認識すべきである。

今や物と情報はどこにいても平等に届く時代である。移動の自由の程度は、大都市と地方中小都市を分け隔てる数少ない条件の一つと言ってよい。日本の中小都市が安心して生涯を送れる場所であり続けるためには地域社会の自動車過依存症からの脱出が不可欠である。

（本稿の執筆にあたっては、交通計画を専門とする原田昇氏から数々の示唆を得た。ここに、記して謝意を表したい。）

註

★1　大野秀敏、ＭＰＦ『ファイバーシティ――縮小の時代の都市像』東京大学出版会、２０１６年、55－61頁。

★2　「1時間以上」歩く者は「30分以下」の者と比較して1か月あたりの総医療費に２６１６円（１４・９％）の差が認められ、総医療費のうち６・３％が運動不足によるという。中村好男「身体活動促進のインセンティブとしての「ウォーキング・マイレッジ」の提案」『スポーツ科学研究』2、２００５年、１０７－１１２頁。

★3　大野秀敏ほか『〈小さい交通〉が都市を変える――マルチ・モビリティ・シティをめざして』ＮＴＴ出版、２０１５年、79－82頁。

★4　現在、黒部市と同市に主力工場を置くＹＫＫが、社員送迎バスを一般開放する社会実験を進めている（２０１７年8月現在）。

★5　島根県の一畑電鉄や富山県の富山地方鉄道などでは自転車をそのまま持ち込めるが、これらは例外的な事例である。ＪＲなどの対応は、自転車を袋に入れることを求めている。

★6　同種の方式を金沢では「トリガー方式」と呼んでいる。

4―11　スマートシティ技術の住宅地への展開
――Ｆｕｊｉｓａｗａサスティナブル・スマートタウン

田島泰

スマートシティの技術革新からこれからの都市づくりを考える

「スマートシティ」とは、サステナブルな社会の実現のために、エネルギーや交通などの効率的な利用を情報通信技術を駆使して、賢く使いこなす都市づくりの概念である。「スマートシティ」の概念の重要なポイントは三つある。第一にサステナブルな社会の実現が根幹の目標とされている点であり、温室効果ガスをいかにして削減していくかという全地球的な目標実現がテーマとなっていることである。第二にインターネットを背景とした情報通信技術を都市づくりに活用している点である。ＧＰＳ（位置情報システム）と連動しながら、リアルタイムで大量の情報（ビックデータ）を特定目的に活用する様々な技術が実現しており、これまでできなかったことが容易に実現する便利な時代になっている。スマートシティに大きな投資を呼び込む動機がここにある。第三に賢く使いこなすという運用面に重点が置かれていることである。これまでの都市づくりは、どちらかというと創る側に重点が置かれていたが、有益な情報を選択して、賢く運用することに街づくりの重点がシフトしている。創るから使うへの重点のシフトは街づくりにおいて重要な転換点である。これら三つの原点に立ち返り、改めてスマートシティの技術を人口減少時代の住宅地に適用する場合、情報通信技術を活用して、人々の生活の営みを縮小の環境に適応していくよう、賢くマネジメントしていく創意工夫が考えられる。

住宅地のマネジメントの先進事例

都市づくりは、基盤となる土地の造成や道路等のインフラ施設の整備や建築行為の営みの繰り返しであり、どの時代にも上手に創っていくためのマネジメントがあった。しかし、人口減少時代の都市のマネジメントは、縮小のマネジメントであり、これまでのように成長をコントロールする時代とは異なり、住民に提供するきめ細かなサービスに対応する仕組みづくりが重要になる。

大規模な工場跡地や遊休社有地において、企業自らが事業主体となり、新しい住宅地づくりにチャレンジして地域に貢献していく事例が増えているが、ここで掲げられる街づくりのテーマの多くがスマートシティである。サステナブルな環境配慮目標の実現と合わせて、管理運用面が重視され、住民から特別に負担金を徴収して、その資金を原資としたマネジメントによって街の付加価値を高めている。その代表的な街づくりの事例が、パナソニックが推進しているFujisawaサスティナブル・スマートタウン（FSST）である。FSSTは、2015年に「地域・コミュニティづくり／社会貢献活動」部門でグッドデザイン賞を受賞しており、街づくりの運営面が高く評価された。デベロッパー、住宅販売事業者や設計事務所に加えて、エネルギー事業者、銀行、通信事業者等9社が出資してタウンマネジメント会社を設立することが、事業の初期段階に行われた。タウンセキュリティやカーシェアリングなどを運営するため、住民からいくらの負担があれば採算が合うのか、具体的な検討が街づくりの初期段

分野	サービス内容	企業名
セキュリティ	機械警備に加えて、警備員の巡回によるタウンセキュリティの実施。	総合警備保障
モビリティ	電気自動車等のカーシェアリング、電動アシストサイクルシェア、レンタカーデリバリーの実施。	サンオータス
ライフスタイル	商業施設湘南 T-SITE を運営し、書籍販売、年間100イベントを実施するなど、街を訪れる人の感性を刺激し、ライフスタイルを育てる文化情報の発信を実施。	カルチュア・コンビニエンス・クラブ
物流	Next Delivery SQUARE を地区内拠点として、各宅配会社の荷物の一括配送の実施（全国初の改正物流総合効率化法認定事業）。小田原漁港と連携して朝獲の鮮魚を当日届けるサービスの提供等の実施など。	ヤマト運輸
ウェルネス	サービス付き高齢者向け住宅、クリニック、薬局、通所介護施設、訪問介護施設、認可保育所、学童保育施設、学習塾のある南館と特別養護老人ホームや短期入所生活介護施設のある北館により、全体で多様な世代が利用する Wellness SQUARE を形成している。また電波センサーで体動を検知する ICT を活用したサービス付き高齢者向け住宅入居者の見守りを実施。医療と介護を結ぶ地域包括ケアネットワークの構築を目指している。	アインファーマシーズ 湖山医療福祉グループ社会福祉法人カメリア会 学研ホールディングス 学研ココファンホールディングス

067　Fujisawa サスティナブル・スマートタウンにおける主なサービス（筆者作成）

階に行われ、この運用方針がマスタープランとも連動して進められた。その後、商業施設や福祉施設の建設等が進められ、セキュリティ会社やイベント企画等の運営会社、自動車会社、宅配事業者、病院、福祉施設事業者も参画し、現在18社の企業が街の開発・運営を協議する組織体をつくっている。企画構想の初期段階からマネジメントに関わる多様な企業が参加し、企画運営していく街づくりであり、縮小の時代の都市のマネジメントの先例として参考になる（表067参照）。

情報通信技術の街づくりへの展開

価値ある情報を提供された個人は、次にその情報をもとに賢い選択をし、行動することによって社会全体が緩やかに変わっていく。スマートシティの情報通信技術とその運用の創意工夫に着目し、これを住宅地に適用していくことの効果を考えてみよう。情報通信技術は、ネットワークに繋がってさえいれば、場所に依存しないシステムであること、需要者と供給者とを市場を介さず双方向に情報をやり取りすることが可能であること、初期資本投資が比較的小さく、リアルタイムの情報に価値があり、状況に応じて臨機な対応が可能であることが縮小時代の街づくりのマネジメントに適している。

道路・公園や空き地・空き家の空間管理や高齢者の移動の自由の確保、場所を変えながら偏在し続ける需要に対して、福祉施設等、変化する需要への臨機な機能転換と配置のマネジメントは情報通信技術の得意とするところである。粗密が偏在する都市に莫大な資金を投じて創り変えていく選択があっても良いが、むしろ住民の創意工夫によって、縮小の状況をマネジメントしていくプラットホームを構築し、豊かに暮らしていく社会の実現が優先されるべきだろう。

参考文献

日本建築学会編『スマートシティ時代のサステナブル都市・建築デザイン』彰国社、2015年。

4—12 大型化によらない地域力再生——ペンシルビル連結の技術検討と効果

藤井俊二

東京一極集中と言われるなかで、都心にありながら苦戦している中小規模ビルについて、協調することで価値向上する道もありそうだ。ここでは特にペンシルビルに着目する。ペンシルビルは間口が5－8m程度、高さが5－10階程度の縦長のビルのことである。奥行きも間口に対して長く、東京では20mくらい、大阪ではその2倍程度ある。大阪では奥行きが長く薄べったいプロポーションから、「せんべいビル」と呼ばれている。ペンシルビルは東京や大阪などの歴史的な地割りと、敷地の細分化の結果生まれたものである。

ペンシルビルの問題として、①フロアの面積が狭いなかに階段、エレベーター、洗面所が必要なため、店舗やオフィスとして有効に使えるスペースが少なくなること、②火災時の避難経路が下方に限られること、③縦長のプロポーションのため風揺れ対策、耐震性能確保、基礎の安全性確保に工夫が必要なこと、④設備機器スペースとして屋上や地下階が取られることなどがある。これらの問題の解決はビル単体で考えると容易ではないが、隣接するビルと連結することでわりあい簡単に解決できる可能性がある。

複数のビルをまとめて大型ビルに建て替える再開発は、多額の資金を伴うので収益が期待できる場所に限られるし長い期間もかかる。個々のビルが隣接するビルと協調することによる再生、その部分からの再生の集積をまち全体の再生につなげることも、都心タイプのCMAと言えるだろう。

ビル連結の技術と効果

ケーススタディに沿ってペンシルビルの連結について紹介する[★1]。対象としたのは東京都中央区京橋の中央通りに沿った2棟のペンシルビルである。ビル間の隙間は92cmあり比較的大きい。階高の差は最大でも15cmなので問題なさそうだが、平面的な柱位置のズレが大きいことがプランニング上の課題になりそうだ。

1階の平面プランをみると、A、Bビルともに奥に通じる通路があり、店舗部分の面積が大きく侵食されている。二つのビルのフロアをつなげば通路を1本にすることができ、店舗面積を拡大できる。エレベーターもこの程度の床面積と階数なら、1基に減らしても良いだろう。2階以上のフロアはいずれのビルも事務室に使われているが、Aビルでは通路とエレベーターが事務室に食い込んでいる。フロアをつなぐことで面積を拡大して使いやすい事務室にできる。

洗面所は1か所だけ残して事務室に転用することもできるが、この例では面積を減らさずに利便性を高める計画としている。設備を2棟で共用することで、機器の効率化と、設備機器スペースが半分にできる。柱位置のズレによって生じるスペースを設備の縦配管スペースとして活用するというアイデアも生まれる。いずれのビルも、連結によって奥の二つの階段が使えるようになり、避難は格段に容易になる。また、避難用バルコニーは必要がなくなるので、屋内化して事務室スペースとして使える。避難を

068　ペンシルビルの立ち並ぶ街並み

ペンシルビルの連結とは、中央右にある10階建ビル2棟（▼）や、左側の8階建ビル2棟（■）どうしの連結が対象となる。また、古い建物（○）を建て替える際も、単独で考えるのではなく、隣の既存ビルとの連結や部分的な共同利用を前提として建て替えることも含めて考えてもよい（東京都渋谷区、2002年、筆者撮影）

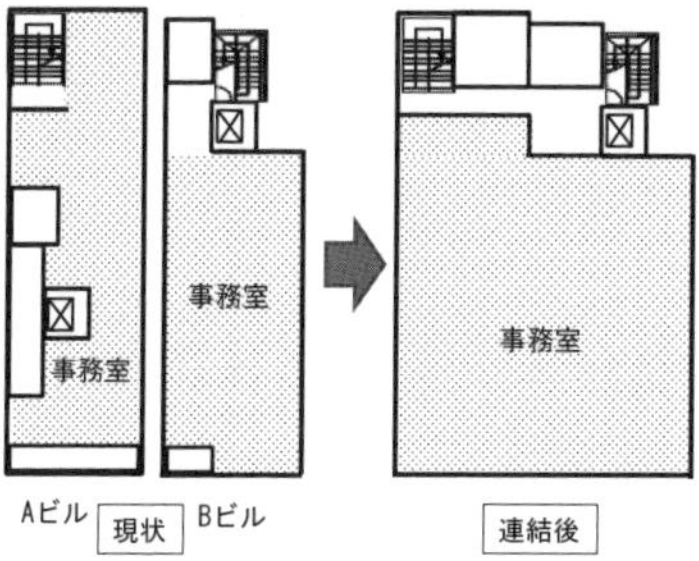

基準階：２階段確保、バルコニー屋内化、事務室面積拡大

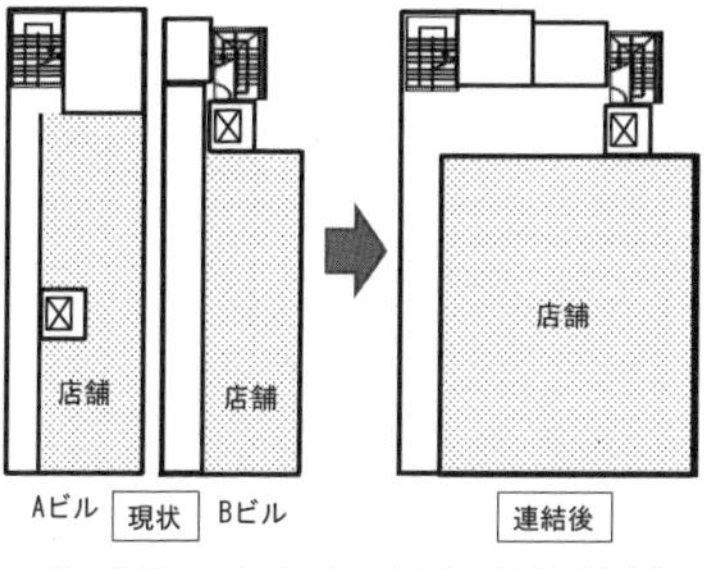

一階：通路、エレベーター削減、店舗面積拡大

069　連結計画図

Aビル：間口6.80m、奥行き24.07m、地上9階・地下1階、築年1976年、構造SRC造

Bビル：間口6.95m、奥行き23.65m、地上10階・地下1階、築年1986年、構造SRC造

（参考文献の素材から作成：松本哲弥、藤井俊二、安藤正雄、養父大典「既存ペンシルビルの連結効果と技術的課題その1建築計画」『日本建築学学術講演梗概集』2003年9月、建築計画I、pp.199-200）

容易にするためだけなら連絡通路でつなぐだけでも効果があり、それなら営業を続けながらビル間の隙間を使って工事を行うことができる。

新耐震法（1981年）以前の建物（旧耐震ビル）には、耐震性能が十分でないものがある。ケーススタディのAビルは旧耐震ビル、Bビルは新耐震ビルである。建物の地震時の揺れを解析して、連結によって耐震性が改善できるかを検討した。連結は図070に示す4階、6階、8階、R階（10階）の4か所とし、現状（連結なし）、鉄骨等によって堅固に連結（剛連結）、減衰ダンパーによって連結（柔連結）の3ケースについて比較した。構造的連結についても、ビルの営業を続けながらビル間の隙間を使って工事を行うことも可能性だろう。

私的所有から協調へ

東京で53件、大阪・神戸で13件のペンシルビル所有者に行ったヒアリング［★3］ではビル連結と協調化への前向きの意見として、防災性能の向上でテナントの安全を守れること、機械室をまとめるといった設備の共同化、共用空間の共同化による空間効率の向上について有効そうだという意見があった。一方、合意形成までの道のりの難しさ、利害関係の複雑さを招くことに対する懸念が多数挙げられた。協調化へのハードルは低くないようである。

歴史的事例をみていくと建物の連結や協調はそれほど特殊なことではない。イギリスのテラスハウスは、パーティーウォールと呼ばれる共用壁で仕切られているが、増改築において隣家のオーナーは構造機能が損なわれないかぎり、共用壁を含む工事を受け入れなければいけないことになっている。京都の

解析結果（ケース1：階数が同程度の旧耐震+新耐震）

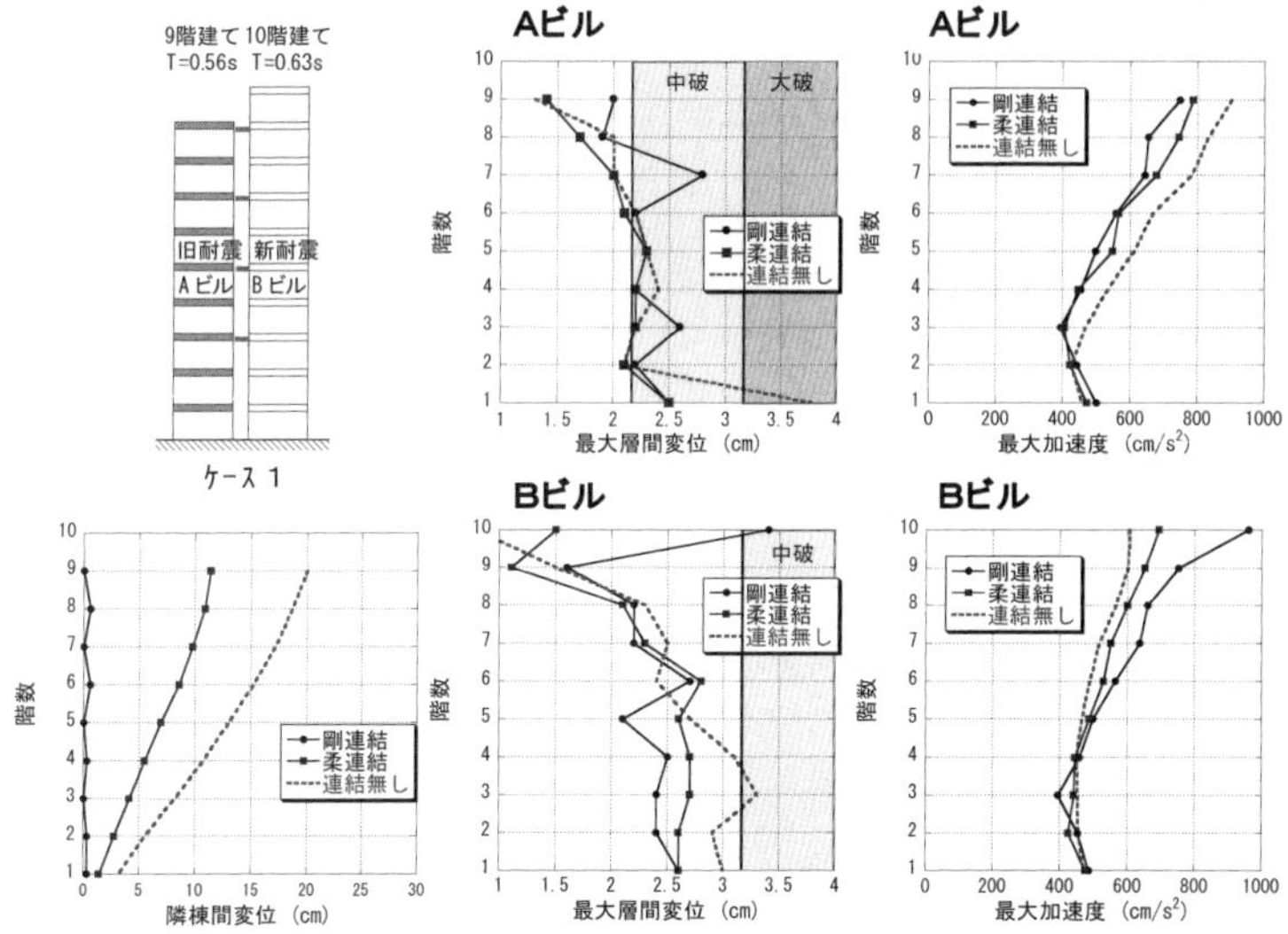

070　連結による耐震性能の改善効果

連結無しの場合、Aビル1階は大破し、Bビルも3階が中破するという結果になった。連結した場合、剛連結でも柔連結でもAビル1階の大破を防ぐことができる。ただ、剛連結した場合にはAビルの3階と7階、Bビルの10階で連結しない場合よりもかえって被害が大きくなる可能性がある。一方、減衰ダンパーによる柔連結では、いずれのビルでも被害を減らすことができる

（参考文献の素材から作成：藤井 俊二、欄木 龍大「既存のペンシルビルの構造的連結効果と技術的課題」『日本建築学学術講演梗概集』2003年9月、構造II、pp. 713-714）

町家でも長屋形式のものや、2階でつながったものがある。所有権は建物所有者にありながら利用権は公共にあるものとして、イタリアの街路に沿った屋根付きの通路ポルティコ、日本の雁木、商店街のアーケードなどの例もある。これらは歴史的な知恵として協調化が行われてきたことを示している。

現代は敷地内での建築自由、その反面としての敷地外への無関心が一般化しすぎた感がある。地域全体の連携で生活の豊かさが確保されるということと、資産価値の保全・向上、産業活性化が可能になるという意義を再認識することも、CMAに向けた一つの方向性だろう。

註

★1　藤井俊二、安藤正雄「これからの都市とコンバージョン、ビル連結の可能性」建築学会大会PD、2003年9月。

★2　西井洋介、西野慶史郎、高田光雄、中井英吾「大阪・神戸における既存ペンシルビルの協調化・共同化に向けた所有者意識」『日本建築学会大会学術講演梗概集』2003年9月。

★3　丸山玄、成田一郎「東京における既存ペンシルビルの協調化・共同化に向けた所有者意識」『日本建築学会大会学術講演梗概集』2003年9月。

4-13 スポンジの穴を地域資源に変える——東京郊外の空き家の再生

饗庭伸

スポンジの穴をどう使っていくか？

人口減少社会における都市の空間はスポンジ化していく。スポンジの穴の一つ一つは小さく、多くの場合は戸建て住宅の敷地程度の大きさである。スポンジ化は、土地の私有化が徹底されたわが国のあらゆる都市において構造的に起きることであり、どのような都市であってもこの構造から逃げることはできない。

こうしたスポンジの穴は、ＣＭＡによるタウンマネジメントの「種」になりうる。小さな場所をつくり、そこでコミュニティを支えるサービスをスタートしようとする時に、スポンジの穴はその苗床になる。スポンジの穴はＣＭＡにとって悩みの種であるが、一方で資産にもなりうるのである。本稿ではその方法を提示したい。

一つ一つのスポンジの穴を変えるには、それぞれの土地の所有者の気持ちを動かさないといけない。都市を大きく変えるためには、多数の土地の所有者の気持ちを動かさなくてはならず、その作業はいかにも困難である。かつての多くの土地区画整理や市街地再開発は、同じように多数の人の気持ちを動かして実施されたが、それは多数の人の気持ちを「成長する＝土地を高い値段で売却することができる」という単純なモチベーションで整えることができたからであり、もはや大多数が単純な成長を信じていない現在、それは困難である。そのため、工場や公共施設の跡地といった大規模な敷地を手に入れない限り、私たちは都市の構造を大きく変化させることはできない。

一方で、一つ一つの土地の決定権は土地の所有者にあるため、所有者の気持ちさえ動かすことができたら、その土地の使い方を簡単に変えることができる。住宅ローンが登場して以降、それを使って数多くの住宅がつくられてきたが、その大多数がローンを返却し終わった状態、つまり所有者が土地と建物を完全に所有し、市場を気にすることなく自分の思ったとおりの使い方を意思決定することができる状態となっている。つまり、私たちは都市の構造を大きく変化させることはできないが、小さくは簡単に変化させることができるのである。この都市構造を筆者は「部分においては柔らかく、全体においてはしぶとい都市構造」と呼んでいる。私たちはこの都市構造にあわせて、どのように都市空間を豊かなものにしていけるだろうか。

スポンジの「穴」は空き家や空き地といった形で顕在化する。第1章6節で整理したとおり、空き家には「特定空き家」「市場空き家」「非市場空き家」「自然空き家」の4種類がある。「自然空き家」は最後の状態であるために除くとして、他の3種類の空き家に対して戦略的なシナリオを与えるとすると、「特定空き家」を取り壊して地域から「嫌なもの」を排除し、「非市場空き家」を活用して公共空間を創出して地域全体の価値をあげ、「市場空き家」をリノベーションして多様な間取り、多様な価格の住宅を準備し、それを再び市場へと流通させて、地域における住宅市場を成立させる、というシナリオを描くことができる。三つのシナリオのうち、「非市場空き家」の再生のシナリオについて、実際の事例を見てみよう。

非市場空き家の再生

「非市場空き家」の再生として、筆者が東京郊外の都市で取り組んだプロジェクトYを紹介して、その可能性を見ておこう。昭和30年代に建てられた空き家を、シェアオフィス、コミュニティレストラン等の複合施設として再生した事例である。

プロジェクトYが立地する地域は東京の都心から約30分の立地にあり、典型的な郊外スプロールの状況にある。発端は、地域で活動する建築家と市民グループが小さな平屋建ての借家を安価で賃借することになり、その改修について筆者に相談にきたことにある。その借家の調査の過程で、近辺に大きな空き家が存在することを知り、その所有者に提案をして始められた。20年ほど前までは住宅兼事務所として使用していたが、所有者の代替わりにともない空き家となっていた。

筆者らは、まずは市民グループの関係者、学生等を巻き込んで、企画づくりのワークショップを数度にわたって開いた。これは空き家をいかに公共的に利用するかということを探るとともに、この建物を中心に社会的なつながりを形成していく取り組みでもあった。数度のワークショップを経て参加者それぞれの「やりたいこと」を繋ぎあわせるように事業を計画し、シェアハウス、コミュニティカフェ、シェアオフィスを混在させた案をまとめ、所有者に提案した。所有者からは固定資産税と草取り等の負担さえすれば、5年間は自由に使っても良いとの条件を得て、建物を5年間の時限で賃借し、シェアハウス、シェアオフィス、コミュニティカフェの家賃で改修費と固定資産税分が回収できる事業を組み立て、所有者と契約を交わした。5年間の収入／支出はそれぞれ約1000万円の非営利の事業であり、建築家が自身も入居して運営を担っている。また、入居者の募集にあたっては市場の仕組みを使わず、すべて口コミで集めている。

この建物の初期投資は1000万円弱程度である。たとえばここを更地にし、多くの人が住めるような集合住宅を建設すると初期投資は数億円はかかる。こうした開発を選択するという手もあったわけだが、不動産市場に頼り、資金返済のリスクを抱えることを所有者は選択しなかった。「非市場空き家」という名のとおり、不動産市場に接続しないでこの建物は再生されたのである。市場から調達しなかった資源の代替をしたのが、人のつながり、いわゆるソーシャルキャピタルである。計画づくりから入居者探し、そこで行われるイベントの開催まで、「人のつながり」を最大限に活用して事業を成立させており、また、計画づくりの過程、オープン後の各種のイベントを通じて、その「人のつながり」を意識的に増加させている。

再生の波及効果とこれから

2011年のオープン以来、不定期に開催されるガーデンパーティ、カフェで開催される講座など、小さなイベントが不連続的にかつ持続的に開催されている。プロジェクトYの敷地にあった蔵がギャラリーとして再生され、市民グループが近隣の農地を再生したコミュニティガーデンが運営され、別の空き家が子供たちの居場所として運営されるなど、地域のなかに染み渡るように活動が続けられている。

近辺にも農家、市民、行政が協力して計画した農の拠点がオープンし、近隣に多く残っている昭和30年代の賃貸空き家に若い世代が入居している。シェアオフィスの入居者は、若いデザイナー、建築家、編集者などであるが、手狭になったため、近隣に事務所を設けた入居者もいる。「エリアマネジメント」と名乗れるほどの計画された動きではないが、プロジェクトYの成功も一つのステップとなって、地域の新しい価値が生まれつつある状況であるといえよう。プロジェクトYでは所有者の親族の結婚式がこの場所で開かれるなど、所有者との幸福な関係も築くことができ、5年間の時限付きの契約は更新され、さらに事業を継続することが決まっている。

CMAと空き家の再生

プロジェクトYのような事例は珍しいものではなく、このような非市場空き家の再活用については、2000年代の後半あたりから、多くの実践が見られるようになり、たくさんの実践的な知恵が蓄積されつつある。CMAの活動は、マンションの管理組合のようなもので、インフラを使ったサービスの質を改善したりするものであり、ともすれば目に見えにくい。こうした空き家活用は、目に見えてわかりやすい場所を作り出すことになるし、地域の住民の日常の動きを、「朝ごはんを食べてからカフェで一休みしよう」「子供をつれて遊びに行ってみよう」と、小さく編集することになる。CMAの活動を動かし始める、パイロット的なプロジェクトとしても大きな意義があるのではないだろうか。

4―14 これからの郊外のインフラ――コムビニとコモビリティ

三浦展

ウォーカブル＋ワーカブル

郊外を都心に通勤する人々の家庭が住むベッドタウン、コミューターサバーブとしてのみ規定するのをやめてはどうか、というのが私の提案である。郊外をコミューターサバーブと考えると、都心からの時間距離が問題になる。時間距離が長い地域は短い地域より不利である。だから人口が減る。なので駅前にタワーマンションを建てて、少しでも通勤時間を短くしようとするのである。だがいつまでも満員電車で通勤する時代が続くわけでもなかろう。

現在、ようやく在宅勤務を本格化していこうという動きがある。郊外には、毎日の通勤には遠すぎるが、在宅勤務の場所としては環境がよいという地域もあるから、そうした地域は在宅勤務の適地として訴求し、あらたな人口を引き込んだほうがいい。

仕事に必要な事務用品はインターネット通販などの宅配で買える時代だから、商店街に商店がすべて揃っているとか、巨大なショッピングセンターがあるといったことは在宅勤務地としては必須ではない。むしろ自然が豊富であるとか、仕事に疲れたらサーフィンができるとか、森の中をジョギングできるとか、農作業ができるとか、ちょっと気晴らしできる喫茶店や仕事帰りに楽しめる飲食店が多様に存在するなど、気分転換がしやすくてクリエイティブな地域が求められるであろう。そこには在宅勤務をする人々が何十人か住んでいて、適度に情報交換ができることも重要である。

このようにベッドタウン、コミューターサバーブが在宅勤務地となることで、郊外住宅地はいわば「都市化」するのだ。自然の豊かな「田園都市」にようやくなれるのだとも言える。これが重要なポイントだ。これまでは、都市的機能を都心にすっかり任せて、郊外のほうは、ただ買物をして、食べて、寝て、子育てをするだけの街をつくってしまった。これが戦後の郊外の弱点であり、持続可能性を持たなかった大きな原因だ。

だから、今後は、郊外に「働く」という機能を付加し、そこから付随して、休む、出会う、交流する、発想する、考える、創造する、といった機能を持った「都市」へと発展させていき、もはや単なるコミューターサバーブ、ベッドタウンではないという状態に持って行く必要がある。住みよい街の一要素はウォーカブル（walkable 楽しく歩ける）であることだが、そこにもう一つの要素としてワーカブル（workable 楽しく働ける）であることを追加したい、というのが私の提案である。

郊外に週末通う生活

在宅勤務の適地は、おそらく定年前後の人が移住するリタイアメントサバーブ（リタイアメントシティと言ってもよい）や、日頃は都心でばりばり働くビジネスマンのための週末リゾート（リゾートシティと言ってもよい）としても適地である。自然が豊富で、散歩などの運動に適しているからである。都心に毎日通うには遠すぎるが、週末だけ休息に来るなら問題はない。

緑豊かな住宅地として整備した郊外住宅地は、開発から30年、40年を経て、今まさに緑豊かな住宅地へと完成してきている。ところがそこで皮肉にも人口減少時代に入ってしまったわけだが、せっかくできあがりつつある住宅地を空き家だらけのまま放置して、今後の時代に適応した活用をしないのは実にもったいない。

だからそうした住宅地を、在宅勤務地、50代のうちから仕事と生活の両立をしながら移住するリタイアメントシティ、週末リゾート都市として整備し直すべきなのだ。そうした転換を図っていけば、人が毎日住んだり、働いたり、週末に人が訪問したりするので街の活気が失われない、むしろ新しい活気が生まれ、住宅地から都市へと転換し、街としての持続性を増し、結果として税収も増えるだろう。

都心でディーリングやITで稼ぐ富裕層なら、空いた土地をまとめて買って三千坪の農園付き別荘にするかもしれない。実際、フロリダのディズニーワールドの近くにディズニーが開発したニューアーバニズムの住宅地セレブレーションは、当初リタイアメントサバーブとして開発されたが、私が取材した2006年ごろでは、30代の在宅勤務のビジネスマンが増えていたようである。彼らは月に一、二度、ニューヨークやロサンジェルスの会社に行くのだそうだ。

郊外に「コムビニ」が必要

高齢化し、人口減少する郊外住宅地に必要なもの、また郊外住宅地を「都市化」する上で必要なものとして私はかねてから「コムビニ」を考えている。

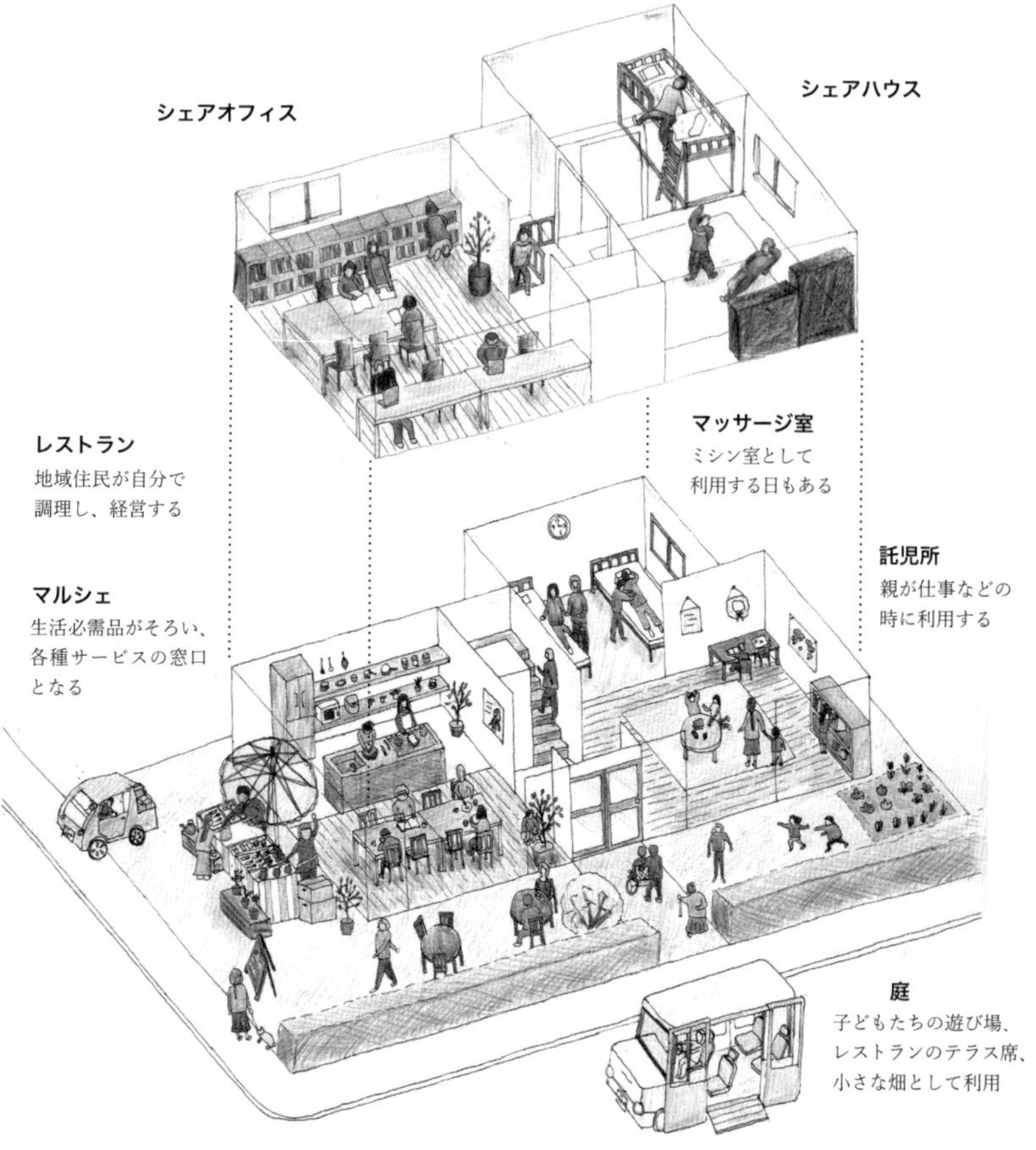

071　コムビニのイメージ（資料：カルチャースタディーズ研究所）

コムビニとは、全国にくまなく広がっているコンビニをもっと地域に密着させ、地域住民とのコミュニケーションを図り、コミュニティの形成に貢献しうる業態に転換していったらどうかというのが、言葉をつくった時点での私の提案である（『東京は郊外から消えていく！』）。ただし、全国一律の消費空間としてのコンビニエンス・ストアconvenience storeではなく、地域ごとに固有のニーズを満たすコミュニティ・コンビニエンス・プレイス（＝コムビニ）community-convenience placeをつくるのである。

コムビニは、駅前や繁華街にあるのではなく、高齢者が簡単に行けるように、高齢化の進んだ住宅地の中につくられる（現状では用途規制のために住宅地の中にコンビニはつくられていない）。特に用事がなくても住民が気軽に集まれる場所である。ちょっとした小公園のようなものがあり、イスがいくつか置いてあればよい。テーブルがあれば、売っている食品をそこで食べることもできる。

物を売るだけでなくサービスを提供する場である必要がある。すでにコンビニでは多数のサービスが行われているじゃないかと言う人がいるだろう。しかしそれらのサービスは、基本的には消費者自身が一人で行うものであり、店員とは事務的なやりとりしか生まれず、自動販売機で物を買うのとほとんど変わらない。コムビニのサービスはもっと人間と人間のつきあいを楽しむものである。

だからコムビニの飲食店を市民自身がコミュニティカフェとして運営できるなら、そのほうがよい。周辺の住民たちが交代で料理をつくり、みんなで集まって食べるのである。家で自分でつくった料理やどこかで買ったお弁当を持ちよってみんなで食べるのでもよい。

実際、そうした活動は豊島区椎名町の「シーナと一平」、杉並区宮前の「okatteにしおぎ」などですでに実現されている。もっと郊外でも、横浜市西区では建築家tomitoによるコミュニティスペース

CASACO（2016年開業）では住民などによるスナック、バルなどが毎週行われていたし、最近は玉川学園のママによる「スナックつばめ」という活動が断続的に行われている。また、多摩ニュータウンでは建築家スタジオメガネが自分たちの事務所を開放した「建築スナック」やフリマ、ヨガ教室などの活動をしているし、鳩山ニュータウンでは建築家藤村龍至による、空き家をリノベーションした「ニュー喫茶 幻」ができている。

これらは私の提案したコムビニの流れの上にある。戦前の郊外でも戦後の郊外でも、単に住宅が並んでいるというだけではない、健全で安全な住宅地というだけでもない、住民主体の娯楽、特に夜の娯楽を提供する活動が起き始めている。

都会的な業態であるバーなども、住民によるコミュニティバーとしてコムビニの中にできてもよい（常設である必要はなく、たとえば毎週金曜日の夜だけオープンするなど柔軟な運営をする）。

それから便利屋が必要だ。高齢者になると電球を替えるだけでも、ちょっとした掃除でも一苦労である。重い物を動かす、模様替えをするといったこともできなくなる。家事を含めた日常生活全般のニーズに応える便利屋にコムビニからいつでも仕事が頼めるようにすれば本当に便利になる。

また、マッサージをする場所が併設されているとか、病院にインターネットを通じて診察してもらえるようになっているとよい。理髪店、美容室、歯科医などが出張に来てもよい。カルチャースクールがあって学習ができるほか、ヨガ教室などが開催されて頭と体のレベルアップができることも望ましい。

また、家屋をつぶして土地だけになったところは、小公園や市民農園、ドッグランに使う。

こうしたコムビニは、既存のコンビニ、便利屋、宅配弁当、外食、家電、住宅、洗剤、家庭用品、家事代行サービス、健康関連などの各種企業が新規事業として展開してもよいが、NPOや市民によるコミュニティビジネスとして行われたほうがよい。その際にそれらの企業の力を借りることがありうる。いずれにしろCMAの一環として行われることが望ましい。

コムビニの建物は、できれば既存の住宅や商店をリノベーションして使いたい。通常のコンビニのような人工的な建物が住宅地に建つのは、景観上あまり好ましくないからだ。だから、空き家を借りるか買い取るかして利用することが望ましい。空き家や空き地を貸したオーナーは固定資産税くらいは払えるようにする。

高齢化する郊外のモビリティの問題

高齢化する郊外にとって重要な課題が交通手段、移動手段である。人の手を借りず、自由に移動できることは、高齢者が生活したり、働いたりする上で必須であり、生き甲斐の基礎でもあるからだ。

昨今、自動運転が注目されているが、各家庭が自動運転のマイカーを私有するだけでは郊外のコミュニティの維持、再生には役立たない。そもそも価格的に私有できるのか疑問である。むしろコミュニティのためのモビリティ＝コモビリティをつくっていくべきだというのが私の考えだ。

高齢化への一つの対応策はすでに各地で行われているコミュニティバスだ。従来のバス路線がない住宅地の中を小さなバスがめぐっていく。しかしそれだけでは十分ではない。コミュニティバスも、あくまで決められた路線を走り、停留所で停まるのだから、足が悪くなったら高齢者にはまだやはり不便だ。停留所には屋根もないので雨の日は困る。でもタクシーはお金がかかる。としたら、自分の家の前まで来てくれる交通手段があればいちばんいいはずだ。

不特定多数の人がいつ乗ってくるかわからないバスではなく、ある程度特定された近隣住民が会員となり、スマホなどで予約して自宅の前まで来てもらい、車椅子でも乗れる、それで全部で最低七人くらい乗れるミニバンくらいのもの。そういう交通手段＝コモビリティがあると便利だ。

車椅子に乗った高齢者が子どもの運転するマイカーに乗せてもらい、ショッピングセンターの駐車場に着いて、そこでショッピングセンター内用のクルマに乗り換えて、というのでは面倒だ。家からコモビリティに乗ってそのままショッピングセンターの中に入り、乗り換えなしで買物をするようにできることが望ましい。主要な病院、役所、商業施設などにも立ち寄る。決まった地域の比較的決まった場所を走るなら自動運転も実現しやすいだろう。

コモビリティを利用する会員はたとえば最低月10往復くらい乗る人が月極料金5000円を払う。会員100人で50万円。これで最低限の人件費と諸経費をまかなう。自動車自体の購入費は自治体が負担するのだろうが、運営は住民自身が民間企業と協力しながらCMAとして運営するのが望ましい。

コモビリティに乗る人々は相互にある程度知り合いになるので、私は医者に行くが、三浦さんは時計を修理に行くんですか、じゃあ、私も時計屋に冷やかしに行こうかという会話が生まれうる。このように、利用する住民間のコミュニケーションが促進され、コミュニティが醸成されるための交通システムが私の考えるコモビリティである。

またコモビリティにもターミナル駅的な場所があるはずで、そこにこそコムビニがあるとベストだ。コムビニとコモビリティのセットで地域のコミュニケーションが活性化するはずだ。

4―15 コミュニティカフェ――日替わりオーナー制で実現

和田夏子

人口減少や少子高齢化の影響で住宅地は活気がなくなる傾向にあり、コミュニケーションをとれる場所を求める声も上がっている。コミュニティカフェは、行政でも営利目的の民間のプロでもなく、地域住民が自分たちの手で運営するカフェである。筆者はNPOメンバーとして、2011年10月―2014年9月末までの3年間、東京都目黒区の洗足で、日替わりオーナー制という仕組みでコミュニティカフェの運営を行った。「飲食業の経験はないがカフェをやってみたい」、「地域の居場所づくりをしたい」という多くの人たちの力を合わせることで、住宅地でカフェを運営した事例である。

アイデア――日替わりオーナー制のコミュニティカフェ

日替わりオーナー制は、地域の人やカフェをやりたい人が、週1日自分のお店を持ち、地域の人が集まる「場」づくりをするというものである。地域にこのような場所が必要だと思った経緯は、少子高齢化、住宅地に集まれる居場所が少ない、高齢者の孤食が増えている、子育てママが気軽に行けるカフェは少ないといった社会的背景である。しかし、住宅地で長居できるコミュニティカフェは儲からないので経営が難しく、先行事例では経営者が無給で毎日働き続けていたり、ボランティア団体の活動であったりした。他方、カフェをやってみたい人や、料理の得意な主婦はたくさんいることがわかり、他に本業や主婦業をやりながら週1日だけ自分のカフェのオーナーをやりたい人が集まれば、儲からないコミュニティカフェでも運営ができるのではないかという発想に至った。

コミュニティカフェ奮闘記――洗足カフェの立ち上げから運営まで

仕組み、お金の流れ

全体のコーディネートは、洗足カフェの「本部」が担い、本部が建物を賃借し内装工事を行い、保健所の許可をとり、カフェ開業の準備を行った。初期コストの回収分と家賃、光熱費を日替わりオーナーで分担する形で、月額の使用料を設定した。日替わりオーナーは、その日の売り上げは自分のものとなり、月額のカフェ使用料を本部に支払った。食材の仕入れは基本的には個別に行ったが、調味料や、共通の飲み物の材料は本部で仕入れて、実費を日替わりオーナーが負担した。洗足カフェの使用料は、平日週1日（月4－5回）で2万5000円、土日週1日で2万8000円とし、夜は単発のイベントで使用できるようにした。

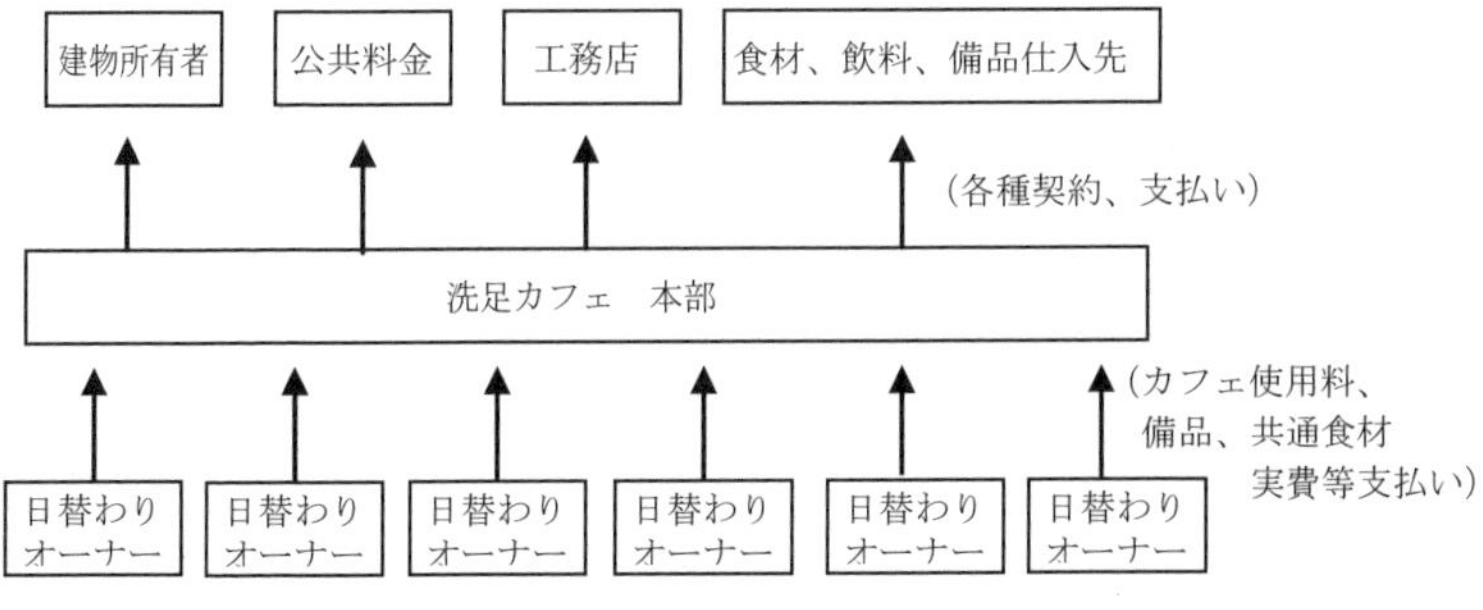

072　日替わりオーナー制の仕組み概念図（筆者作成）

初期コストを抑えて手づくりでのお店づくり

カフェを開業するには、どうしても開業コストがかかる。洗足カフェは3年間の限定プロジェクトであり、3年で回収できるように徹底的にコストを抑える工夫をした。専門家の手が必要な間仕切り、家具、設備工事だけ工務店に発注し、床にフローリングを貼る作業や、壁にペンキを塗る作業はセルフビルドで行った。また、厨房機器は中古品やネットオークションで割安に購入し、食器や調理器具等の一部は閉店したカフェに格安で譲ってもらい、開業コストは約180万円に抑えた。開業資金は、大半はプロジェクト代表者である筆者が負担したが、運営メンバーや地域住民の方々から、一口5000円の協賛金という形で資金を集めた。協賛の見返りとして、一口5000円あたり、1回50円の割引が受けられる設定をした。

洗足カフェの試みの成果（日替わりオーナーの声、利用者の様子）

洗足カフェは2階建てで、2階は靴を脱いで上がるフローリングとした。そのため、赤ちゃん連れが利用しやすく、子連れからご年配の方まで幅広い年齢層から利用しやすいと評価された。

また、日替わりオーナーからは、自分のお店の名前を出せて、メニューづくりからすべて自分でやるため、カフェ運営の勉強として役立ったという声が多かった。実際、4組の日替わりオーナー卒業生がその後カフェを開業した。

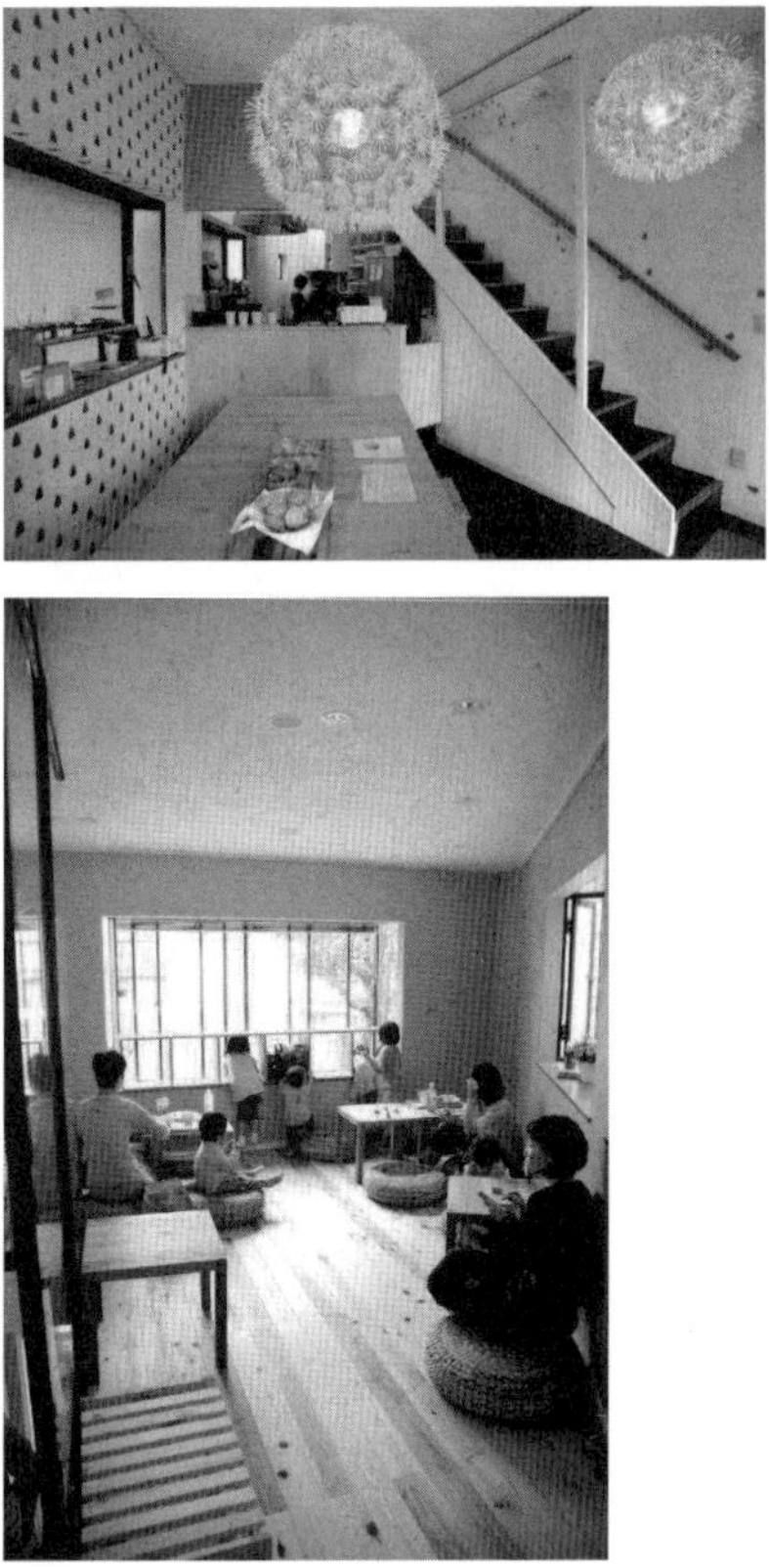

073　洗足カフェ
（NPO法人南房総リパブリックによる運営、2011年撮影）

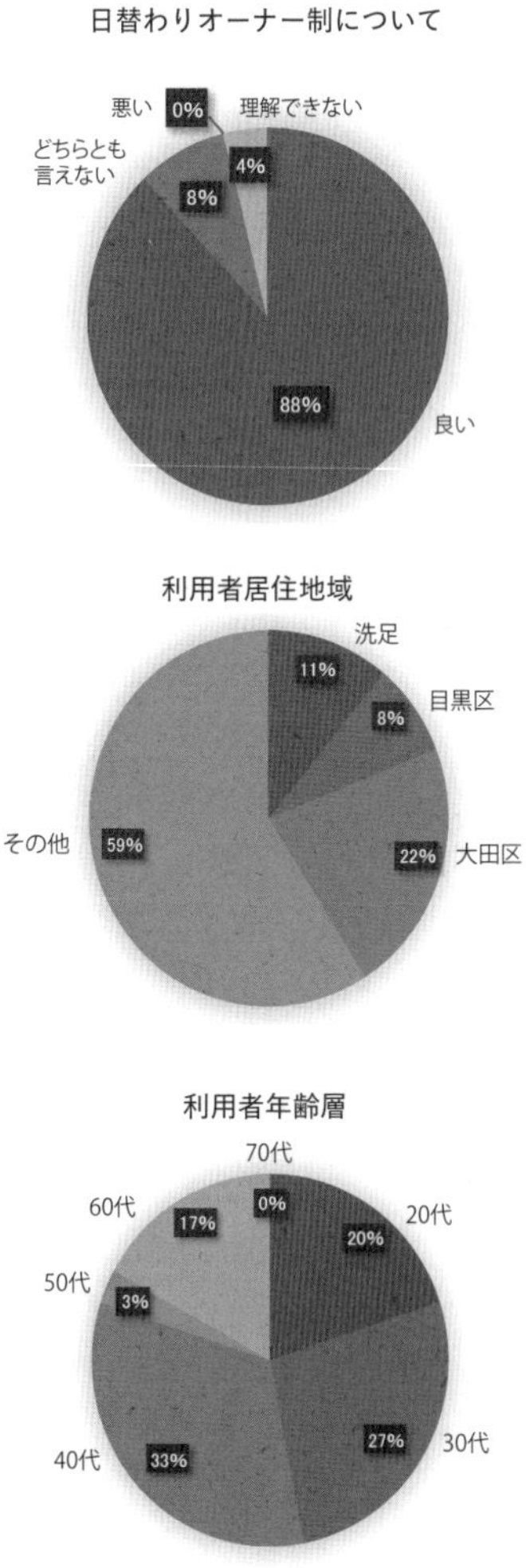

074　洗足カフェ利用者アンケート（筆者作成）

日替わりオーナー制の課題

日替わりオーナー制は、経営リスクを分散し、日替わりオーナーもやりがいを持ってコミュニティカフェを運営できるというメリットがあり、今後の地域の居場所づくりの手法の一つとして大きな可能性があると考えられる。他方、課題としては、日替わりオーナーを取りまとめる本部の業務負担、複数の料理人が日替わりで厨房を使うための衛生管理の難しさ等がある。洗足カフェではメールやインターネットを活用しながら日替わりオーナー間のコミュニケーションをとる工夫をしたが本部の負担は予想以上であった。また、片づけや掃除のルールを定めたものの、人によって「きれい」と思う感覚に違いがあるため、前の人がきれいに掃除したつもりが次の人から汚いとクレームが出るなどのトラブルもあった。

日替わりオーナー制コミュニティカフェが成功するポイント

以上のことより、日替わりオーナー制での運営がうまくいくためには、次のことが必要である。

・自分たちで責任がとれる経済規模で行う
・初期コストはなるべく抑えて、でも、居心地の良い空間を思い入れのある人たちで行う
・費用について、判断する人を決めておく
・全体をまとめる本部の仕事を効率よく行う
・日替わりオーナーと本部、日替わりオーナーどうしのコミュニケーションが大事

これにより、多くの人が地域の居場所の担い手でもあり利用者でもあることができる。ＣＭＡで提案しているように、自分たちのできる範囲で自分たちの地域をより良くしていく仕組みができればよいと思う。

著者略歴

大野秀敏　おおの・ひでとし
建築家、都市構想家、東京大学名誉教授、アプルデザインワークショップ所長。一九四九年生まれ、東京大学大学院修士課程修了。博士（工学）。主著に『ファイバーシティ　縮小の時代の都市像』など。

饗庭伸　あいば・しん
都市計画・まちづくり学者、首都大学東京教授。一九七一年生まれ。早稲田大学理工学部建築学科卒業。博士（工学）。主著に『都市をたたむ』、共編著に『自分にあわせてまちを変えてみる力』など。

秋田典子　あきた・のりこ
土地利用計画、緑地計画が専門。千葉大学大学院園芸学研究科准教授。東京大学大学院工学系研究科都市工学専攻博士課程修了。博士（工学）。共著に『都市計画の理論』『住民主体の都市計画』など。

松宮綾子　まつみや・あやこ
日本設計建築設計群勤務。一橋大学商学部、鉄道会社勤務、日本女子大学家政学部住居学科を経て、東京大学大学院修士課程環境学専攻修了。大野研究室にてファイバシティプロジェクトに参加。

藤井俊二　ふじい・しゅんじ
建築学者、Built Environment Research 代表、元・大成建設。一九四九年生まれ、東京大学大学院修士課程修了。工学博士。共著に『建物と街の価値・安全性を高める　ペンシルビルの連結』など。

和田夏子　わだ・なつこ
UDS勤務。東京大学大学院修士課程修了。博士（環境学）。共著に『まち建築』『トリノの奇跡』など。

姥浦道生　うばうら・みちお
都市計画・土地利用計画論、東北大学大学院准教授。東京大学大学院博士後期課程単位取得退学。博士（工学）。共著に『都市縮小時代の土地利用計画』『東日本大震災　復興まちづくりの最前線』など。

岡部明子　おかべ・あきこ
東京大学大学院教授。東京大学大学院修士課程修了。博士（環境学）。主著に『バルセロナ　地中海都市の歴史と文化』『サステイナブルシティ』『高密度化するメガシティ』（編著）など。

栗原徹　くりはら・とおる
都市再生技術者、独立行政法人都市再生機構職員。一九五九年生まれ、東京大学工学部都市工学科卒業。

國分昭子　こくぶん・あきこ
建築家、アイケイディーエス共同代表。東京大学大学院博士課程修了、博士（工学）。共著に『都市のあこがれ』など。

齊藤広子　さいとう・ひろこ
横浜市立大学教授。専門は生活者のための不動産学。大阪市立大学大学院博士課程修了。博士（学術）、博士（工学）、博士（不動産学）。主著に『初めて学ぶ不動産学　すまいとまちのマネジメント』など。

田島則行　たじま・のりゆき
建築家、アーバニスト、千葉工業大学助教。一九六四年生まれ、英国AAスクール大学院修了。東京大学大学院博士課程単位取得満期退学。共著に『建築のリテラシー』『再生（デザイシ）する都市』など。

田島泰　たじま・やすし
都市プランナー。日本設計常務執行役員都市計画群長。東京大学工学部建築学科卒業。共著に『日本の街を美しくする』『スマートシティ時代のサスティナブル都市・建築デザイン』など。

出口敦　でぐち・あつし
都市デザイナー、UDCKセンター長、東京大学大学院教授。一九六一年生まれ。東京大学大学院博士課程修了、工学博士。編著に『アジアの都市共生　21世紀の成長する都市を探求する』など。

中川雅之　なかがわ・まさゆき
都市経済学、公共経済学。日本大学経済学部教授。一九六一年生まれ。京都大学経済学部卒業、経済学博士（大阪大学）。主著に『都市住宅政策の経済分析』など。

原耕造　はら・こうぞう
大成コンセッション（大成建設から出向中）。専門はPPP／PFI。一九七四年生まれ。東洋大学大学院修士課程修了。国土交通省PPPサポーター、東洋大学PPP研究センターリサーチパートナー。

福川裕一　ふくかわ・ゆういち
都市計画家、千葉大学名誉教授。一九五〇年生まれ、東京大学大学院博士課程修了、工学博士。主著に『ぼくたちのまちづくり』『都市空間のデザイン』（編著）、『まちなかからはじまる地方創生』（共著）など。

三浦展　みうら・あつし
カルチャースタディーズ研究所代表。消費社会、都市、郊外などの研究を行う。著書に『下流社会』『第四の消費』『家族と幸福の戦後史』『ファスト風土化する日本』『東京は郊外から消えていく!』など多数。

山口崇　やまぐち・たかし
東京ガス都市エネルギー事業部勤務。一九七二年生まれ。早稲田大学理工学部建築学科卒業。

コミュニティによる地区《ちく》経営《けいえい》

コンパクトシティを超《こ》えて

二〇一八年九月二〇日　第一刷発行

著　者　大野《おおの》秀敏《ひでとし》　饗庭《あいば》伸《しん》　秋田《あきた》典子《のりこ》　松宮《まつみや》綾子《あやこ》　藤井《ふじい》俊二《しゅんじ》　和田《わだ》夏子《なつこ》ほか

発行者　坪内文生

発行所　鹿島出版会

〒一〇四－〇〇二八　東京都中央区八重洲二－五－一四

電話〇三－六二〇二－五二〇〇　振替〇〇一六〇－二－一八〇八三

装　幀　渡邉翔

印刷・製本　三美印刷

Printed in Japan

ISBN978-4-306-04668-9 C3052

本書の内容に関するご意見・ご感想は下記までお寄せ下さい。

URL: http://www.kajima-publishing.co.jp/

e-mail: info@kajima-publishing.co.jp